Mitarbeiter-Coaching

Arbeitshefte Führungspsychologie

Herausgegeben von Prof. Werner Bienert, Ludwigshafen und
Prof. Dr. Ekkehard Crisand, Wilhelmsfeld

Band 22

Mitarbeiter-Coaching

Der Vorgesetzte als Coach seiner Mitarbeiter

von

Prof. Dr. Ralf D. Brinkmann

Korb

Mit 39 Abbildungen und Tabellen

3., erweiterte Auflage 2000

I. H. Sauer-Verlag GmbH

Heidelberg

1. Auflage 1994 · ISBN 3-7938-7118-5
2. Auflage 1997 · ISBN 3-7938-7177-0
3. Auflage 2000 · ISBN 3-7938-7235-1

Die Deutsche Bibliothek – CIP-Einheitsaufnahme

Brinkmann, Ralf D.:

Mitarbeiter-Coaching : der Vorgesetzte als Coach seiner Mitarbeiter ; mit Tabellen / von Ralf D. Brinkmann. – 3., erw. Aufl. – Heidelberg : Sauer, 2000

(Arbeitshefte Führungspsychologie ; Bd. 22)
ISBN 3-7938-7235-1

ISBN 3-7938-7235-1

Satz: Lichtsatz Michael Glaese GmbH, 69502 Hemsbach

Druck und Verarbeitung: Progressdruck GmbH, 67346 Speyer

Umschlagentwurf: Horst König, 67067 Ludwigshafen

♾ Gedruckt auf säurefreiem, alterungsbeständigem Papier, hergestellt aus chlorfrei gebleichtem Zellstoff (TCF-Norm)

Printed in Germany

Vorwort zur 3. Auflage

Der große Zuspruch, den dieses Arbeitsheft seit seinem ersten Erscheinen erhalten hat und der den Verlag nun zu einer dritten Drucklegung veranlaßt, ermutigt den Autor, das Heft um einige Techniken, Übungen und Methoden zu erweitern. Sie sollen dem Leser weitere Hilfen beim Mitarbeiter-Coaching an die Hand geben. Hierzu wurden die Kapitel *Team-Coaching* und *Weitere Coaching-Techniken* durch zusätzliche unterstützende Verfahrensweisen erweitert. Dort finden sich nun praktische Hinweise für die Gestaltung von Team-Workshops und den Abgleich des Selbst- und Fremdbildes eines Teams. Methoden zur Veränderung individueller Glaubenssätze, der Kunden- und Serviceorientierung sowie Hilfen für das Problemlösen ergänzen das bisherige Instrumentarium für das Einzel-Coaching.

Die dargestellten und in der Praxis erfolgreich eingesetzten Methoden stellen einen Mix aus Verfahrensweisen dar, die sowohl emotionale als auch kognitive und verhaltensbezogene Veränderungsziele berücksichtigen. Damit ergibt sich auch für den methodisch unerfahrenen Leser dieses Arbeitsheftes eine gewisse Erfolgsgarantie, wenn er Prozesse des bewußten Infragestellens von Einstellungen und Verhaltensweisen im Mitarbeiter-Coaching anstoßen möchte.

Der Autor hofft, daß mit der Erweiterung des Arbeitsheftes um zusätzliche methodische Hilfen die Umsetzung eines praxisorientierten Mitarbeiter-Coachings noch effektiver gelingen möge.

Korb, im Mai 2000

Ralf D. Brinkmann

Studiere die Menschen, nicht um sie zu überlisten und auszubeuten, sondern um das Gute in ihnen aufzudecken und in Bewegung zu setzen!

Gottfried Keller

Vorwort zur 1. Auflage

Unternehmen werden zukünftig nur Wettbewerbsvorteile erzielen, wenn es ihnen gelingt, die Qualifikation, Motivation und das Engagement ihrer Mitarbeiter zu steigern. Wie können Mitarbeiter unterstützt werden, sich persönlich und fachlich weiterzuentwickeln? An Führungskräfte werden in diesem Zusammenhang verstärkt Erwartungen herangetragen. Vorgesetzte sollen Partner bei der Entwicklung von Mitarbeitern und Qualifizierungshilfe sein. Dazu wird vermehrt die amerikanische „Ur-Form" des Coaching eingesetzt, d. h. der direkte Vorgesetzte als Coach des Mitarbeiters. Der Modebegriff Coaching hat mittlerweile viele unterschiedliche Bedeutungsinhalte erfahren, und Abgrenzungen werden immer problematischer, da jeder Autor seine persönliche Perspektive einbringt. Im vorliegenden Buch „Mitarbeiter-Coaching" geht es schwerpunktmäßig um Coaching im Sinne der Hilfe zur Selbsthilfe durch den Vorgesetzten, um Selbstorganisationsprozesse, das Lösen von Wahrnehmungsblockaden und -verzerrungen. Es geht darum, Fähigkeiten von Mitarbeitern, sei es als Einzelperson oder Team, für die Bewältigung von Arbeitsanforderungen zu optimieren und das Lösen von Problemen effizienter zu gestalten.

Der Autor des Arbeitsheftes hofft, daß das vorliegende Buch Vorgesetzten ein Ratgeber ist, Coaching-Kompetenz zu entwickeln und ihnen Orientierung beim Mitarbeiter-Coaching gibt.

Korb, im Herbst 1994

Ralf D. Brinkmann

Inhaltsverzeichnis

1. Einführung

Führen ist schwieriger geworden. Der *sozio-kulturelle Wandel* vertieft die Kluft zwischen Arbeits- und Freizeitwelt. Arbeit ist zunehmend negativ besetzt und wird mit Begriffen wie Streß, Zwang, Abhängigkeit und Belastung verbunden. „Freizeit" wird hingegen mit Lust, Entspannung und Selbstverwirklichung assoziiert.

Was können Führungskräfte tun, um gut ausgebildete und gesunde, sich wohlfühlende Mitarbeiter zu bekommen bzw. zu erhalten, die langfristig Spitzenleistungen erbringen? Führungskräfte müssen bereit sein, mittels *Coaching* in ihrem Unternehmen eine Kultur zu schaffen, die diesen soziokulturellen Wandel bewußt wahrnimmt und sich mit ihm auseinandersetzt.

> Coaching durch den Vorgesetzten im Sinne einer praktizierten *Mitarbeiterförderung* dient der *Zukunftssicherung* des Unternehmens sowie der persönlichen und sozialen *Entwicklung* der Mitarbeiter.

Coaching bedeutet daher immer auch *Organisationsentwicklung* (OE). OE braucht, um effektiv und effizient zu sein, aussagefähige Informationen und Daten, Analysen der Stärken und Schwächen, um die ersteren weiter fördern und die letzteren minimieren zu können. Dies betrifft die *Organisation* (z.B. organisatorische Abläufe, Kultur usw.), die *Gruppe der Mitarbeiter* bzw. das *Team* (z.B. Zusammenarbeit) und den *einzelnen Mitarbeiter* (z.B. Fach-, Sozial- und Managementkompetenz). Führungs- und Organisationsprozesse können aber nur über eine gute *Kommunikation* und *Rückkoppelungsprozesse* optimiert werden. Hierzu bietet sich das *Coaching durch den Vorgesetzten* an.

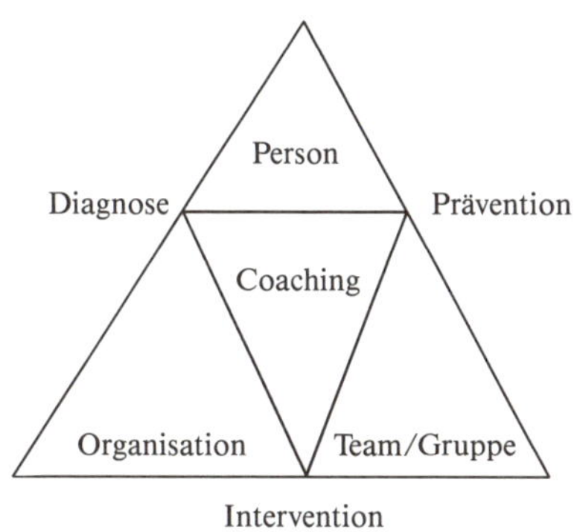

Abb. 1: Coaching-Dreieck

2. Coaching – was ist das?

Seit Mitte der 80er Jahre wird das *Coaching-Konzept* im Rahmen der Führungskräfteentwicklung diskutiert. Unter Coaching wird das „Beraten", „Betreuen" bis hin zur „Psychotherapie" verstanden. Coaching kann auf einem Kontinuum von individueller Beratung bis zur Kollektiv- oder Systembetreuung lokalisiert werden (*Kastner*, 1990).

Von der Psychotherapie unterscheidet sich das Coaching dadurch, daß vor allem das *berufliche Handeln* im Vordergrund steht und weniger existentiell oder psychisch bedrohliche Situationen. Insofern ist auch die *Beziehung zwischen Coach und Coachee*, in diesem Fall zwischen Vorgesetztem und Mitarbeiter, viel flacher. Mit dem *Training* ist es nur bedingt vergleichbar, da sich der Coach stärker für die *Persönlichkeit des Coachee* interessiert und weniger für das richtige Einüben von Verhaltensstrategien. Mit der *klassischen Managementberatung* ist es ebenfalls nicht gleichzusetzen, da die Beratung sich weniger auf die Sach- als vielmehr auf die Verhaltensebene bezieht. Insgesamt kann man sagen, daß Coaching eher ein *pädagogisches Vorgehen* beinhaltet, welches durch sozialwissenschaftliche und psychologische Methoden und Techniken gestützt wird. Natürlich wird es immer wieder Situationen im Mitarbeiter-Coaching geben, die sich von der Berufsrolle des Mitarbeiters entfernen, etwa dann, wenn dieser *private Probleme* schildert; hier wird der Vorgesetzte auch in die angemessene Rolle schlüpfen. Insofern stellt das Coachen eines Mitarbeiters durch den Vorgesetzten immer eine Gratwanderung dar.

Das hier vertretene Coaching-Konzept unterscheidet sich von den mittlerweile unterschiedlichsten Varianten dadurch, daß es in einen *ganzheitlichen Ansatz* von Personalmanagement eingebettet ist.

> Der wesentlichste Unterschied zu anderen Konzepten liegt darin, daß der Begriff Coaching in diesem Zusammenhang für eine *reguläre Führungsfunktion* verwandt wird, die hauptsächlich aus dem *Anleiten, Beraten, Unterweisen und Fördern von Mitarbeitern* besteht.

Alle Bemühungen des Vorgesetzten richten sich in diesem Modell auf eine Optimierung von *Fach-, Sozial- und Managementkompetenz* sowie *Gesundheit, Wohlbefinden* und *Arbeitszufriedenheit* des Mitarbeiters. Aus Sicht der Führungstheorien kann es den *konsultativ-kooperativen Konzepten* (*Wunderer*, 1993) zugeordnet werden.

In diesem Sinn sind Mitarbeiter aller Ebenen Zielgruppe des Coaching.

Coaching in diesem Verständnis lehnt sich an die Sicht der Systemtheorien und der systemischen Therapie an. Vorgesetzter und Mitarbeiter versuchen gemeinsam, die Ursachen für suboptimales Arbeitsverhalten zu diagnostizieren. Diese können aus systemischer Sicht im *Mitarbeiter* selbst, der *Arbeitssituation*, der *Gesamtorganisation* des Betriebes oder auch in *Wechselwirkungen* zwischen zweien oder allen drei Faktoren begründet sein. Coaching durch den Vorgesetzten bedeutet daher, gemeinsam mit dem Mitarbeiter in einen Prozeß der *Ursachenfeststellung* (Diagnose), des *Eingreifens* (Intervenierens) und *Vorbeugens* (Prävenierens) einzutreten.

Aus der Sicht der Systemtheorien ist Führen ein Prozeß des Managens der eigenen Person und anderer (Mitarbeiter). Dazu trägt eine gut organisierte *Personalentwicklung und Personalpflege* bei. Dennoch gibt es *Bereiche, die*

nicht über Seminare u. ä. abgedeckt werden können. Hier ist die gezielte, individuelle Unterstützung von Mitarbeitern notwendig, damit diese ihre Aufgaben besser bewältigen können. Diese Hilfestellung zu geben ist die Aufgabe jeder innovativen Führungskraft.

Die häufig in der Literatur zu findende Parallele zum *Coach im Sport* ist zwar eingängig, wird jedoch der komplexen Aufgabe eines Vorgesetzten im Coaching-Prozeß nicht gerecht. Natürlich sind in beiden Bereichen die *Leistung* und die *Leistungssteigerung* wichtig. Auch geht es bei der Beratung durch den Vorgesetzten um *Motivationsprozesse, Prestige, Anerkennung* und den *Wunsch, „ganz vorne mit dabei zu sein“.* Während es im Sport aber in erster Linie um die Leistungssteigerung geht, damit Höhen, Weiten und Zeiten überboten werden können, sind im Wirtschaftsleben synonyme Ziele aus den verschiedensten Gründen nicht mehr in dem Maße erreichbar (z. B. ökologische Probleme, neue Bundesländer usw.).

Analogien zwischen der Rolle des Vorgesetzten und dem Coach im Sport finden sich allerdings. Zum einen im vorhandenen *Erfahrungs- und Expertenwissen*, zum anderen in der *gemeinsamen Vorgehensweise.* Ein guter Coach hat Spezialkenntnisse auf bestimmten Gebieten, ist ansonsten aber ein erfahrener Generalist. Coachen im Führungskontext ist ähnlich wie im Sport ein umfassendes und tiefgreifendes Betreuen. Dieses Vorgehen, Mitarbeiter aus der Erfahrung und Biographie des Vorgesetzten lernen zu lassen, ist sinnvoll und effektiv. Dennoch hinkt auch hier der Vergleich mit dem Sport, da die Beziehung zwischen Vorgesetztem und Mitarbeiter weit schwieriger ist, wie in den folgenden Kapiteln noch darzustellen ist.

In erster Linie dient das Coaching-Gespräch zwischen Vorgesetztem und Mitarbeiter dazu, daß letzterer die *Einschätzung seiner Tätigkeit* durch den Vorgesetzten besser kennenlernt und sein *Verhalten* gemeinsam mit der Führungskraft *optimieren* kann. Dies ermöglicht es ihm, sich rechtzeitig auf seine künftige Entwicklung innerhalb des Unternehmens einstellen zu können. Dies setzt jedoch ein *realistisches Selbstbild* voraus, das der Mitarbeiter nur gemeinsam mit einem kompetenten Gesprächspartner erarbeiten kann, der sich in der *fachlichen Materie* und dem *Beziehungsgeflecht* der Organisation auskennt. Ein erweiterter Dialog, wie er im Prozeß des Coachens stattfindet, geht damit wesentlich über die Inhalte des klassischen Mitarbeitergesprächs hinaus. Denn das Coaching-Gespräch bezieht sich in erster Linie auf den *Verhaltens-, Beziehungs- und Denkbereich* sowie die *individuelle Betreuung* des Mitarbeiters und ermöglicht dadurch eine korrigierende Rückmeldung.

Diese *offenen Rückmeldungen* des Vorgesetzten zum Arbeitsverhalten, der *sozialen Erscheinungs- und Wirkweise* des Mitarbeiters entzerren damit dessen Selbstwahrnehmung.

2.1 Abgrenzung zu Sponsoring und Mentoring

In der einfachsten Form etablierte sich das Coaching in der alten Bundesrepublik in der Mitte der achtziger Jahre in Form des *Mentoring* und Sponsoring. Dieses „Coaching in Patenschaften“ wurde eingeführt, um die Verluste an Geld und Zeit in den Einarbeitungs- und Orientierungsphasen von Mitarbeitern möglichst gering zu halten. Beide Formen der Begleitung durch Paten können dabei *formell und informell* vonstatten gehen. Formell geschieht dies meist durch die Zuordnung eines erfahrenen Mitarbeiters zu einem „Neuen“ (*Musolesi* u. *Brinkmann*, 1993). Auf dem informellen Weg sucht sich z. B. der junge oder neu eingetretene Mitarbeiter eine erfahrene Führungskraft.

> Beim *Mentoring* bauen der Mentor und sein „Protege“ eine Beziehung auf, die es dem Mentor ermöglichen soll, seinen Schützling in die Unternehmenskultur einzuführen.

Dazu gibt er Informationen zu den gängigen *Werten*, vorherrschenden *Normen, Ritualen* und führt in die *Legenden* der Organisation ein. Darüber hinaus hilft er bei der Lösung von Schwierigkeiten und ist für den Neuling immer ansprechbar.

> Das *Sponsoring* legt den Schwerpunkt weniger auf die „reibungslose Einführung“ als vielmehr darauf, dem Mitarbeiter Chancen zu ermöglichen, seine Fähigkeiten und Fertigkeiten bzw. sein Wissen in der Firma „publik“ zu machen.

Dadurch kann der Sponsor seine Manager-Kollegen auf ein „Talent“ aufmerksam machen. Auf beide Aufgaben sollte eine Führungskraft entsprechend vorbereitet sein und ein echtes Interesse an seinem Schützling haben.

Im Gegensatz zur Coachingfunktion des Vorgesetzten, die durch eine *stärkere Zielsetzung und Verbindlichkeit* in der Beziehung gekennzeichnet ist, hat der Pate, sei es als Mentor oder Sponsor, mehr *Handlungsspielraum*, da er weniger stark in die Interessenkonflikte zwischen den Bedürfnissen des

Unternehmens und denen des Mitarbeiters involviert ist. Andererseits bestehen auch für ihn Gefahren, etwa dann, wenn eine persönliche Beziehung zwischen Pate und Neuling entstanden ist. Sie kann zu Konflikten führen, wenn beispielsweise die Karriereabsichten des Betreuten dem Auftrag des Paten entgegenstehen, ihn firmenintern zu sozialisieren und zu einem nützlichen Mitglied der Organisationsfamilie zu machen.

3. Von der Notwendigkeit, den Wandel zu managen

Ein in den letzten Jahren begonnener und sich fortsetzender Prozeß ist der drastische Wandel der *Markt- und Wettbewerbsverhältnisse*. Die fortschreitende *technologische Entwicklung*, insbesondere im Bereich der Mikroelektronik, hat bereits jetzt zu einem tiefgreifenden Wandel in den Produktions- und Informationsstrukturen geführt und schreitet weiter rasch voran (*Brinkmann*, 1993). Der *Wertewandel* führt zu neuen Wertorientierungen die jedoch in herkömmlichen Strukturen nicht gelebt werden können (*v. Rosenstiel*, 1991). Die *demographische Entwicklung*, d. h. der Rückgang der geburtenstarken Jahrgänge, führt in manchen Branchen bereits heute dazu, daß qualifiziertes Personal knapp wird.

> Diese Entwicklungen verlangen künftig den ganzheitlich denkenden, flexiblen, mobilen und zur dauernden Qualifizierung bereiten Mitarbeiter.

Alle veränderten Rahmenbedingungen werden dazu beitragen, daß sich Unternehmungen in Zukunft weniger durch die Qualität ihrer Produkte als durch die *Qualität ihrer Mitarbeiter* unterscheiden (*Brinkmann*, ebenda). Es ist damit zu rechnen, daß künftig schwierigeren und komplexeren Aufgaben weniger qualifizierte Mitarbeiter gegenüberstehen, die auch andere Wertvorstellungen entwickelt haben. Erfolg und Geld sind zunehmend nicht mehr selbstverständliche Motivatoren, und Glück und Zufriedenheit resultieren bei jüngeren Mitarbeitern nicht mehr allein aus der Arbeit. Das gezielte individuelle und fachliche Fördern wird bei dieser Generation von Mitarbeitern mehr und mehr zu einem Kriterium eines attraktiven Arbeitsplatzes (vgl. *Fröhlich*, 1990).

„Es unterhalten sich zwei Leute über das Leben.
Der erste sagt:
‚Ich betrachte mein Leben als eine Aufgabe, für die ich da bin und für die ich alle Kräfte einsetze. Ich möchte in meinem Leben etwas leisten, auch wenn das oft schwer und mühsam ist.'
Der zweite sagt:
‚Ich möchte mein Leben genießen und mich nicht mehr abmühen als nötig. Man lebt schließlich nur einmal, und die Hauptsache ist doch, daß man etwas von seinem Leben hat.' "

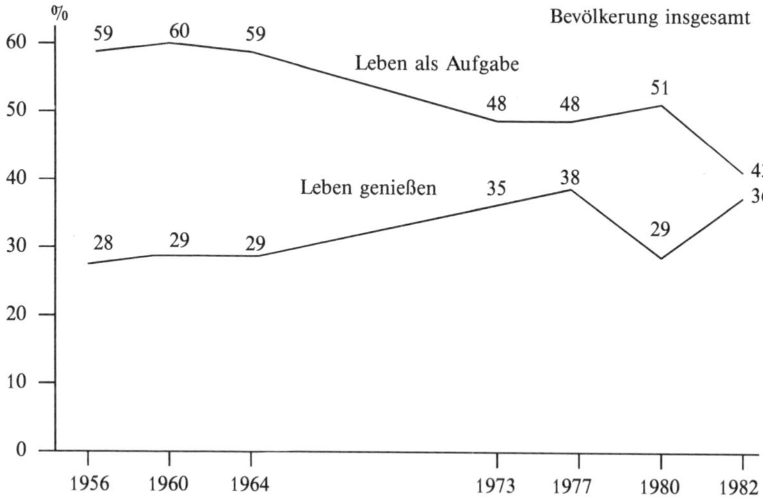

Abb. 2: Ergebnis einer Umfrage aus einer repräsentativen Stichprobe der erwachsenen Bevölkerung (Quelle: Allensbacher Archiv, IfD-Umfragen 1000, 1041, 1086, 2096, 3039, 3080, 4015)

3.1 Die Veränderung der Vorgesetztenrolle

Diese zahlreichen Veränderungen im Umfeld des Vorgesetzten führen dazu, daß das Personal gezielt entwickelt, gefördert und gepflegt werden muß. *Personalentwicklung und Personalpflege* sind die Instrumente dazu. Unter Personalentwicklung wird ein Modell mit eher *psychologisch-pädagogischem* Charakter verstanden. Es geht darum, die Mitarbeiter beruflich zu fördern und sie gezielt auf die jeweiligen neuen Anforderungen vorzubereiten. Das Konzept der Personalpflege zielt unter *medizinisch-psychologischem*

Aspekt auf das Entwickeln, Bewahren und Fördern der Gesundheit, des Wohlbefindens und der Arbeitszufriedenheit der Mitarbeiter ab. Ziel ist die gesunde und leistungsfähige Belegschaft in der gesunden und leistungsfähigen Organisation.

Im Coaching-Prozeß können Vorgesetzter und Mitarbeiter Möglichkeiten suchen, die aufgrund neuer Anforderungen notwendigen Verhaltenskomponenten authentisch zu leben und passende Wege zum Ziel (Instrumentalität) zu suchen. Als Beispiel hierzu kann der Wunsch der Mitarbeiter nach *Selbstbestätigung* dienen. Selbstbestätigung muß wieder aus der Arbeit resultieren; diesem Bedürfnis kann das Coaching Rechnung tragen, indem der Vorgesetzte die Leistungsbereitschaft der Mitarbeiter anspricht und gemeinsam mit ihnen neue Anforderungen sucht und definiert. Dadurch werden Befriedigungsmöglichkeiten für „höhere" Bedürfnisse geschaffen und ungenutzte *körperliche, geistige und psychische Potentiale* genutzt, was sich wiederum streßreduzierend auf einen vielleicht unterforderten Mitarbeiter auswirkt.

Andererseits ergibt sich aus dem Coaching durch den Vorgesetzten auch die Chance, überzogene Ansprüche an Individualität und Entfaltung seitens des Mitarbeiters zu korrigieren, indem Selbst- und Fremdbild kritisch reflektiert sowie *Entwicklungsmöglichkeiten und Grenzen* kennengelernt werden können.

Auch die *Kreativität* des einzelnen Mitarbeiters, die für die Lösung von Problemen der Organisation als Folge der Herausforderung des allgemeinen Wandels notwendig ist, braucht Freiräume und vor allem Motivation, *unkonventionelle Wege* zu gehen. Der Vorgesetzte kann durch ein Coaching helfen, *Selbstsicherheit* beim Mitarbeiter aufzubauen, die Voraussetzung für *eigenständiges* und *kritisches* Denken und Handeln im Betrieb ist.

> Der vorbildliche Manager wird in seiner neuen Rolle als Coach dennoch *kein* „Therapeut" sein, sondern nach wie vor Fachmann auf seinem Gebiet, mit dem „Blick über den Tellerrand".

Man kann ihn sich auch als eine Art *Reisebegleiter auf Zeit* vorstellen, der sich zu einem bestimmten Zeitpunkt wieder entbehrlich macht. Im Coaching-Prozeß werden z. T. grundsätzlichere Probleme in größeren Zusammenhängen relevant. Dies leitet sich zum einen daraus ab, daß die Führungskraft für die *Erreichung der Unternehmensziele* verantwortlich ist und Mitarbeiter auf einem hohen *fachlichen, sozialen* und *führungsmäßigen Entwicklungsstand* halten muß (Aspekt der Personalentwicklung), andererseits daraus, daß sie eine *Fürsorgepflicht* dem Mitarbeiter gegenüber hat (Aspekt der Personalpflege). Das Coachen als neue, zusätzliche Aufgabe des Vorgesetzten beinhaltet deshalb, je nach Inhalt des Coaching-Gesprächs, unterschiedliches Rollenverhalten. Naturgemäß entwickelt mit der Zeit jede Führungskraft ihr persönliches Coaching-Verhalten.

So wird der Vorgesetzte zu Beginn eines Coachings vielleicht zunächst *Gesprächsförderer* oder *Vermittler* sein, beim Übergang in die Arbeitsphase *Ratgeber*, *Problemlöser* bzw. *Lehrer* (z.B. bei privaten oder beruflichen Schwierigkeiten). Geht es um konkrete Hilfestellung, wird er in die Rolle des *Bereitstellers von Lernsituationen*, des *Trainers* oder *Sparringspartners*, des *Abwägers von Risiko und Bedrohung*, aber auch des *Konfrontierers* schlüpfen. Und ist der Mitarbeiter schließlich so weit „entwickelt", daß er seine Aufgaben in Delegation selbständig ausführen kann, wird der Vorgesetzte als *Bewerter* und *Zielesetzer* fungieren.

Neue Rollen einzunehmen und das Verhalten zu ändern, bringt zunächst immer Schwierigkeiten mit sich. Dies zeigt sich besonders an Gewohnheiten, die uns lieb geworden sind. Wir neigen dazu, diese in bestimmten Kontexten beizubehalten. Vorteilhaft ist dies immer dann, wenn bestimmte automatisierte Handlungen gefragt sind, etwa beim Autofahren. Über die Bedienung des Fahrzeugs muß sich ein geübter Autofahrer keine Gedanken mehr machen. Problematisch wird es für ihn u.U., wenn er einen anderen Fahrzeugtyp lenken muß, bei dem bestimmte Funktionen anders angeordnet sind. Automatisierte, eingeübte Verhaltensweisen und Gewohnheiten haben also den Vorteil, daß sie uns sagen, wie wir vorzugehen haben, ohne jedesmal neue Probleme sehen zu müssen. Allerdings bergen Gewohnheiten auch Nachteile. Dazu folgendes Experiment:

Experiment:

Bevor Sie gleich weiterlesen, verschränken Sie bitte Ihre Arme vor der Brust!

Welcher Arm liegt oben?

Verschränken Sie nun Ihre Arme so, daß der andere Arm oben liegt! Wie fühlt sich dies an?

Sie haben sicher bemerkt, wie schwer es ist, feste Gewohnheiten bewußt zu ändern. Gelingt es, ist es zunächst befremdlich. Schränken Sie daher Ihre Möglichkeiten durch gewohnte Verhaltensweisen nicht ein, sondern nutzen Sie die Chance, die sich aus der neuen Rolle des Mitarbeiter-Coaches ergeben.

Umweltsegmente	Trends		Anforderungen
technologische Umwelt	PC-Einsatz Neue Kommunikationssysteme (BTX, Telefax, PC-Mailing etc.) CAD, CAM, CIM beschleunigte Innovationseinheiten autonome Organisationseinheiten	→	Soziale Kompetenz
soziale Umwelt	demographische Veränderungen Wertewandel Mitarbeiterbeteiligung	→	Führungskompetenz
ökonomische Umwelt	Arbeitszeitflexibilisierung Internationalisierung Kundenorientierung	→	
ökologische Umwelt	Umweltbelastung ökologische Forderungen Umweltverträglichkeit	→	Systemisch Denken und Handeln
rechtlich-politische Umwelt	staatliche Intervention und Begrenzung der Entscheidungsautonomie Gefahr des Protektionismus Erweiterte Mitbestimmungsregelungen Bürokratismus	→	

Abb. 3: Trends und daraus folgende Anforderungen an Mitarbeiter und Vorgesetzte (Quelle: *F. Musolesi)*

3.1.1 Potentielle Probleme des neuen Rollenverständnisses

Wichtig ist, daß sich der Vorgesetzte als Coach über die potentiellen Konflikte seiner neuen Rolle im klaren ist. Sie liegen insbesondere darin, daß er auf der einen Seite *Berater, guter Freund und Begleiter* für den Mitarbeiter sein soll und faktisch *hierarchisch Höherstehender* ist. Dies kann einen *Konflikt* zwischen notwendiger Nähe beim Mitarbeiter-Coaching und erwarteter Distanz durch die Vorgesetztenrolle ergeben. Daher ist von vornherein darauf zu achten, daß die Führungskraft ihre Rolle als Coach deutlich formuliert und abgrenzt. Gleichzeitig birgt das Rollenverständnis des Coach aber immense Möglichkeiten, die, z. T. bereits erwähnt, im *Wecken und dem Entwickeln von Potentialen* von Mitarbeitern liegen.

Mitarbeiter-Coaching kann jedoch nur funktionieren, wenn es in der Organisation bekanntgemacht und akzeptiert wird.

Um Fehlinterpretationen vorzubeugen, wie „Der schafft das nicht alleine!", muß das Mitarbeiter-Coaching durch den Vorgesetzten in der Managementphilosophie verankert sein und im Rahmen der Personalentwicklung als selbstverständlich betrachtet werden.

3.1.2 Ganzheitliches Führen und Coaching

Wenn es darum geht, das Verhalten von Unternehmungen und deren Mitarbeitern in der Zukunft einzuschätzen oder vorauszusagen, führt das geringe Wissen über die *dynamischen Veränderungen* innerhalb *sozialer Systeme*, wie sie Organisationen darstellen, an Grenzen. Wollen wir die Zusammenhänge dieser hochkomplexen Systeme verstehen, helfen uns unsere Logik und unser Fachwissen nicht weiter. Eine neue Denk- und Sichtweise, die der *Ganzheitlichkeit*, ist notwendig. Die Ausbildung vieler Führungskräfte hat in einer Zeit stattgefunden, die von unaufhaltsamem Wachstum geprägt war. Die derzeitigen und künftig zu erwartenden wirtschaftlichen Turbulenzen waren seinerzeit kaum vorstellbar. Daher sind die Reaktionen auch meist stereotyp, indem „bewährte" Handlungsmuster aktiviert werden, ohne grundlegende Zusammenhänge zu verstehen.

In diesem Abschnitt geht es darum, Mitarbeiter-Coaching im Kontext mit dem *ganzheitlichen Führen* zu betrachten. Organisationen sind „soziale Systeme", die aus *Elementen* (Bausteinen) mit bestimmten Eigenschaften bestehen und miteinander verknüpft sind. Jedes System kann in *Untersysteme oder Subsysteme* gegliedert werden, z. B. in das Gesamtsystem „Betrieb" in seine „Bereiche" oder „Abteilungen" bis hinunter zum kleinsten zu betrachtenden System, dem „Mitarbeiter". Welche Grenzen ein System hat und welche Systeme voneinander abzugrenzen sind, ist eine Frage der Betrachtungsweise und damit willkürlich. Systeme haben bestimmte Eigenschaften, diese sind in den *Systemgesetzen* beschrieben. In diesem Zusammenhang sei auf die umfassende Literatur zu dieser Thematik verwiesen (vgl. Abbildung 4 auf Seite 20).

Abb. 4: Die Organisation als System

Um den Systemen *Mitarbeiter* und *Team* im Coaching-Prozeß die „richtige Hilfestellung" geben zu können, benötigt ein Vorgesetzter *Wissen über Ganzheiten*. Obgleich mit einer Unterscheidung in „System" Mitarbeiter und Team eine willkürliche Abgrenzung durchgeführt ist, sollte sich jeder Coach darüber klar sein, daß offene soziale Systeme zyklisch sind und kreisförmig funktionieren. Daher ist es wesentlich, sich über die Vernetzungen der abgegrenzten Subsysteme Gedanken zu machen. *Probleme im Leistungsverhalten* eines Mitarbeiters sind damit nicht allein in seiner Persönlichkeit zu suchen, sondern können durch die Vernetzung und die damit gegebene *Wechselwirkung* mit einem anderen Untersystem, z. B. der Arbeitsgruppe, zustande kommen. Eine Gruppe, deren Mitglieder nicht miteinander harmonieren und sich nicht gegenseitig ergänzen, wird kein gewünschtes Systemverhalten produzieren.

Es ist daher hilfreich, Ordnung in die vielen Möglichkeiten von Unter- und Obersystemen einer Organisation zu bekommen. Dies kann sinnvollerweise durch eine Klassifizierung in folgendes Raster geschehen (vgl. Abbildung 5).

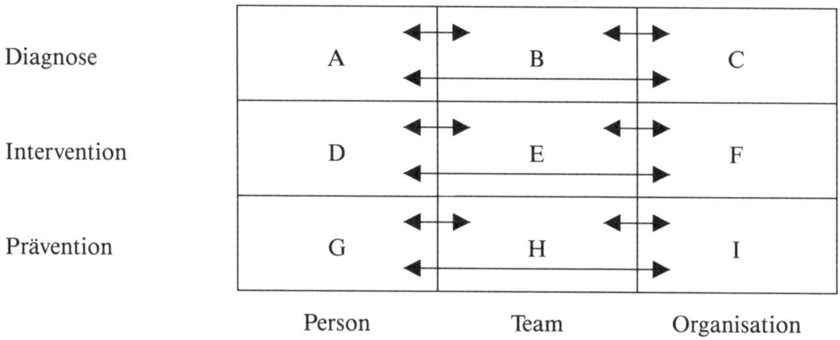

Abb. 5: Einfaches Raster zur Klassifizierung von Systemen und deren Wechselwirkungen

Aus systemischer Sicht ist das Coachen eines einzelnen Mitarbeiters durch den Vorgesetzten wegen der vielfältigen Wechselwirkungen in die Felder A bis I einzuordnen. Der Coaching-Prozeß ermöglicht der Führungskraft zunächst eine Ist- und Soll-Diagnose (A). Dadurch werden Diskrepanzen zwischen der gewünschten Zielstruktur und dem tatsächlichen Verhalten des Mitarbeiters auf den Ebenen *fachliches Können*, *soziales Verhalten* und *Führungshandeln* deutlich. Das gleiche gilt auch für eine Diagnose des Teams (B). Im *Team-Coaching* ist durch die Führungskraft zu fragen, wie sich die einzelnen Subsysteme („Mitarbeiter") in das größere Subsystem „Arbeitsgruppe" einfügen und wie sie zusammenarbeiten (vgl. Fragebogen zum Team-Coaching). Gemeinsam mit den Mitarbeitern kann der Vorgesetzte im Team-Coaching dann beispielsweise durch das Erarbeiten von *Ziel-Weg-Analysen* die Abweichungen (Probleme) zwischen Ist- und Soll-Zustand feststellen.

Diagnostizierte „Schwächen", die ein Abweichen vom Ideal darstellen, müssen kompensiert werden (Intervention). Hier kommt nun das Spezifische der verschiedenen Coaching-Rollen des Vorgesetzten zum Tragen. Je nach Problemart versucht der Coach gemeinsam mit dem Coachee bzw. dem Team, einen Weg zur Lösung zu finden. Dazu bedient er sich unterschiedlicher Methoden und schlüpft in die jeweils sinnvollste Rolle (z. B. Advocatus diaboli, Helfer, Unterstützer usw.).

3.2 Coaching als Instrument der Personalentwicklung und Personalpflege

> Konzepte der Personalentwicklung und Personalpflege orientieren sich in erster Linie an *strukturellen und individuellen Defiziten* und versuchen, diese auszugleichen, um Arbeitsverhalten zu optimieren.

Durch *Personalentwicklung* soll insbesondere die *Fach-, Management- und Sozialkompetenz* verbessert werden. Die Personalpflege strebt den *„gesunden und leistungsfähigen Mitarbeiter in der gesunden und leistungsfähigen Organisation"* an. Damit unterscheidet sich die Personalpflege (PP) von der

Personalentwicklung (PE), die immer auf Kompetenzerweiterung abzielt. Dennoch sind Personalentwicklung und Personalpflege im Sinne einer *qualitativen Personalarbeit* eng miteinander vernetzt (*Brinkmann*, 1993) und *die* Führungsaufgabe schlechthin. Beide Instrumente greifen besser, wenn man weiß, wo und wann was in welchem Ausmaß erforderlich ist. Die Führungskraft braucht aussagefähige Informationen, Daten und Kenntnisse über die Stärken und Schwächen, um Mitarbeiter anleiten, unterstützen und entwickeln zu können. Dies geschieht am effektivsten, indem das Wissen der Mitarbeiter und ihre Persönlichkeit in einer von Respekt und gutem Willen getragenen Beratungsbeziehung gefördert werden. Dies kann nur sinnvoll geschehen, wenn neben die klassischen Bereiche der Führung, also der *Fachkompetenz* und der *Personalverwaltung*, die qualitative Personalarbeit mit dem *Mitarbeiter-Coaching* tritt.

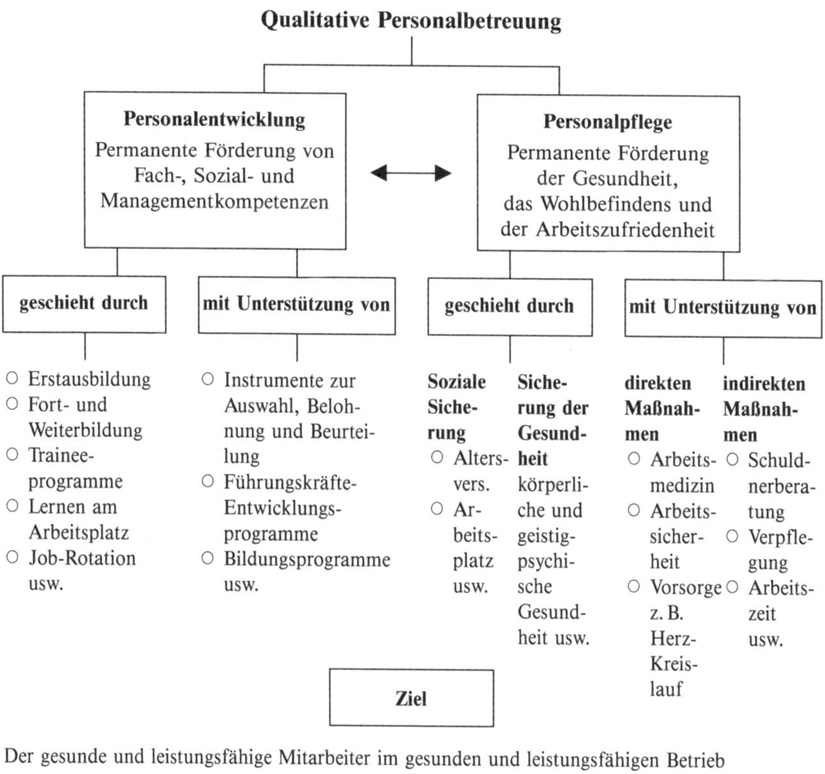

Abb. 6: Der Zusammenhang zwischen Personalentwicklung und Personalpflege

Personalpflege im Verbund mit der Personalentwicklung ist daher immer auch „Unternehmenspflege".

Für *beide* gilt:

1. Aktivitäten sind langfristig anzulegen.
2. Lernziele dürfen sich in beiden Bereichen nicht nur an den Funktionen und Rollen des Mitarbeiters orientieren, sondern müssen seine Persönlichkeit einbeziehen.

Damit ergibt sich nachfolgendes Entscheidungsraster, bestimmt durch den Zeithorizont und die Zielsetzung von Personalentwicklung und Personalpflege (vgl. Abbildung 7).

Lern- und Verhaltensänderungsprozesse orientieren sich an ...

Zeitraum	... Aufgabe	... Person des Mitarbeiters
kurzfristig	aktuelles Arbeits-, Leistungs-, Beanspruchungs- und Gesundheitsverhalten	momentane Motivationen und Einstellungen
langfristig	Anpassungs- und Veränderungsfähigkeit	Selbstidentität (Kongruenz der Selbstwahrnehmung seiner Selbst über die Zeit – Vergangenheit, Gegenwart, Zukunft – hinweg)

Abb. 7: Verändertes Schema nach *Sattelberger* (1989) zu den Ergebnissen von Personalentwicklung und Personalpflege

Eine derartige Sichtweise führt in der Konsequenz dazu, daß der Mitarbeiter bereits *vor Eintritt* in die Organisation und mit Blick *auf seinen Austritt* „entwickelt" und „gepflegt" werden muß (*Musolesi* u. *Brinkmann*, 1993). Dies mag sich für den einen oder anderen überzogen anhören, ist aber, gemessen an den bereits zitierten gesellschaftlichen Umbrüchen und den erhöhten Ansprüchen junger qualifizierter Nachwuchskräfte, angemessen. Die Motive junger Menschen, somit auch künftiger Mitarbeiter, sind *persönliches Wachstum, Gesundheit, der Wunsch nach Entwicklungsmöglichkeiten, Partizipation* sowie *Selbstverwirklichung*, um nur die wichtigsten zu nennen.

Nur eine adäquate Befriedigung dieser Motive über eine gut organisierte Personalentwicklung und Personalpflege wird es der einzelnen Organisation ermöglichen, künftigen Anforderungen unserer komplexer werdenden Gesellschaft mit motivierten und arbeitszufriedenen Mitarbeitern in ausreichendem Maße gerecht zu werden.

> Letztendlich beurteilen Bewerber das Unternehmen auch an den Faktoren, die für das *Betriebsklima* bestimmend sind. Dabei steht die Frage nach der Wertschätzung des Mitarbeiters ganz oben. Wertschätzung äußert sich im Umgang miteinander, in der Personalentwicklung und in der Personalpflege.

3.2.1 Mitarbeiter-Coaching und Personalentwicklung

Qualifizierung von Mitarbeitern ist in erster Linie ein *langfristiges* Vorhaben. Einzelveranstaltungen sind dabei Fehl am Platze. Vielmehr sind *mehrstufige Qualifizierungsmaßnahmen*, die wiederholt konkrete Lernchancen bieten, Feedback gewährleisten und den Transfer des Gelernten in den Berufsalltag sicherstellen, zu favorisieren.

Sinnvollerweise finden Fördermaßnahmen nicht nur in Seminaren statt, sondern sind mit der erlebten Praxis zu verzahnen. Ein Instrument dazu ist das Mitarbeiter-Coaching durch den Vorgesetzten, der damit direkt in diesen Personalentwicklungsprozeß mit eingebunden wird.

Coaching im Zusammenhang mit der Personalentwicklung dient damit

- der fortlaufenden Analyse der Arbeitssituation und -prozesse des Mitarbeiters und erlaubt es, rechtzeitig Förderung und korrigierende Maßnahmen einzuleiten (Diagnose);
- der Erleichterung des Förderns und des unterstützenden Führungsverhaltens durch die Führungskraft (Intervention);
- der besseren Kommunikation, die es dem Vorgesetzten erlaubt, potentielle Schwierigkeiten des Mitarbeiters rechtzeitig zu erkennen und gemeinsam mit ihm vorbeugende Maßnahmen zu ergreifen (Prävention).

3.2.2 Mitarbeiter-Coaching als Variante der Personalpflege

Unter Personalpflege wird eine Philosophie des Managements verstanden, die darauf abzielt, allen Mitarbeitern eine gute Leistungsfähigkeit und Beanspruchbarkeit bei zugleich angemessenen Belastungen, sicheren Arbeitsverhältnissen und möglichst geringen gesundheitsschädigenden Einflüssen zu vermitteln. Anders ausgedrückt und auf die Personalpolitik abgestimmt: Firmen, die Personalpflege betreiben, bemühen sich um den gesunden Mitarbeiter im gesunden Unternehmen (*Kastner*, 1990).

In erster Linie geht es um das *Bewahren und Gesunderhalten* der Mitarbeiter und des Unternehmens.

> Im Mittelpunkt der Personalpflege steht die *Förderung von Gesundheit, Wohlbefinden und Arbeitszufriedenheit sowie die Befriedigung von Wünschen, Bedürfnissen und Interessen der Mitarbeiter.*

Personalpflege versucht, präventiv zu sein, d.h., der „Reparaturfall", die *innere Kündigung eines Angestellten, der Alkoholismus eines Vorgesetzten* oder der *Herzinfarkt eines Mitarbeiters*, sollten möglichst nicht eintreten.

Wie bereits deutlich wurde, ist die Personalpflege ebenso wie die Personalentwicklung eine Führungsaufgabe der Linie. Für das Mitarbeiter-Coaching bedeutet dies, daß der Vorgesetzte auch auf Signale achten muß, die z. B. auf ein *Suchtverhalten des Mitarbeiters, krankheitsprovozierende Arbeitsbedingungen, Streß oder private Schwierigkeiten hinweisen.*

Im ersten Fall sind vom Coach entsprechend verbindliche Maßnahmen mit dem Coachee zu vereinbaren, z. B. der *Besuch einer Beratungsstelle* oder der *Beginn einer Therapie*. Das konkrete Handeln hängt letztlich vom *Schweregrad* der Abhängigkeit ab, wobei bei entsprechender Bereitschaft des Mitarbeiters rechtzeitig Personalabteilung und Betriebsrat zu informieren sind. Bei suboptimalen *organisatorischen Bedingungen*, wie sie im Fall von arbeitsbedingtem Streß vorliegen können, ist gemeinsam mit dem Coachee über Lösungsmöglichkeiten nachzudenken. Darüber hinaus können beim Mitarbeiter-Coaching weitere Problemlagen auftauchen, etwa private Schwierigkeiten. Inwieweit diese Probleme des Mitarbeiters auch im Coaching durch den Vorgesetzten hilfreich bearbeitet werden können, hängt davon ab, ob die Philosophie der Personalpflege im Unternehmen Fuß gefaßt hat. Schwierig ist insbesondere bei privaten Problemlagen immer die Frage, wie weit die Führungskraft sich in diesen Bereich vorwagen kann und darf. Andererseits ist der Vorgesetzte, insbesondere in einer positiven Coaching-Beziehung, oft die erste Person, die aufgrund entsprechender Signale des Mitarbeiters aufmerksam geworden ist, auch über private Dinge mit dem Mitarbeiter spricht und so einen entsprechenden Anstoß für eine Veränderung geben kann. Nur so wird es auch möglich, passende Maßnahmen anzuregen und durchzuführen.

4. Voraussetzungen für einen effektiven Coaching-Prozeß

4.1 Umfeld des Coaching-Gespräches

Nicht zu unterschätzen sind die äußerlichen Rahmenbedingungen des Mitarbeiter-Coaching. Insbesondere sind *vier Aspekte* wichtig: Bei der Wahl des *Gesprächsortes* sollte der Vorgesetzte berücksichtigen, daß eine ansprechende Atmosphäre geschaffen werden kann. Findet die Sitzung im Zimmer des Vorgesetzten oder Mitarbeiters statt, dann am besten in der Sitzecke oder am Besprechungstisch. Ist beides nicht möglich, sollte ein Besprechungszimmer dem Gespräch am Schreibtisch vorgezogen werden. Für das Coaching-Gespräch sollte *ausreichend Zeit* zur Verfügung stehen. Das sogenannte Kurz-Coaching zwischen „Tür und Angel“ oder beim Essen in der Kantine muß ein verantwortungsbewußter Vorgesetzter vermeiden.

Beginn und Ende des Coaching-Gesprächs legen die Gesprächspartner sinnvollerweise gemeinsam fest. Alle Beteiligten sollten den zeitlichen Rahmen anschließend auch einhalten.

Störungen sind zu vermeiden, indem keine Unterbrechungen wie Telefonate oder Besuche zugelassen werden. Darüber hinaus ist durch den Vorgesetzten *Vertraulichkeit* sicherzustellen. Beim Team-Coaching ist darauf hinzuweisen, daß Vertraulichkeiten in der Gruppe bleiben bzw. sollten sich Coach und Coachee im Zweier-Coaching gegenseitig Verschwiegenheit zusichern.

4.2 Coaching-Fähigkeiten der Führungskraft

Mitarbeiter zu coachen bedeutet, eine konstruktive zwischenmenschliche Beziehung nach dem Motto einzugehen: „Ich bin ok, du bist ok! Nobody is perfect!“. Dazu gehören ein *einfühlendes Verstehen* (Empathie), eine nicht an die Bedingungen der Arbeit gebundene *Wertschätzung*, *Echtheit* (Kongruenz) sowie *Intentionalität*. Letzteres beinhaltet, das gemeinsame Wollen, Verhalten zu optimieren.

4.2.1 Einfühlendes Verstehen (Empathie)

Einfühlendes Verstehen bedeutet, daß der Vorgesetzte im Gespräch versucht,

- das Arbeitsumfeld des Mitarbeiters genau zu verstehen und die Sichtweise des Mitarbeiters nachzuvollziehen;
- dem Mitarbeiter dieses einfühlende Verstehen auch zu zeigen.

Dies setzt jedoch voraus, daß sich ein Coach der Subjektivität von Wahrnehmung bewußt ist. Unterschiedliche Perspektiven sind etwas Normales. Unser Nervensystem bestimmt, wie wir unsere Umwelt wahrnehmen und interpretieren. Problemwahrnehmung und -formulierung sind daher immer *subjektiv*, und ein Streit um „die Wahrheit" macht keinen Sinn. Ein und dasselbe Bild kann von zwei Personen ganz unterschiedlich wahrgenommen werden, je nachdem, aus welcher Perspektive es betrachtet wird (Abbildung 8).

Abb. 8: Umsprungbild „Indianer oder Eskimo?" (Quelle: unbekannt)

Jeder Mitarbeiter steuert sein Verhalten und seine Handlungen auf der *Basis seiner individuellen Wahrnehmungen, Erwartungen und Intentionen*. Eine Übereinstimmung mit denen des Vorgesetzten muß dabei nicht gegeben sein. Jede Führungskraft wird bestimmte Sachverhalte aus ihrer Perspektive anders sehen als der Mitarbeiter. Wichtig ist für ihn allerdings, daß der Vorgesetzte in einer Funktion als Mitarbeiter-Coach deutlich macht, daß trotz einer gegebenen, unterschiedlichen Sichtweise das Bemühen vorhanden ist, diese Perspektiven zu verstehen, ohne sie für gut oder richtig anzusehen. Der

Vorgesetzte tut gut daran, seinem Mitarbeiter nicht sein Profil aufzudrücken, vielmehr soll das Coaching zur Profilierung des Mitarbeiters dienen.

Einfühlendes Verstehen verlangt von einem beratenden Vorgesetzten, zeitweise die „Brille“ des Mitarbeiters aufzusetzen. Dieses „Umschalten“ auf eine andere Sicht eines Problems oder Sachverhaltes ermöglicht es dem Vorgesetzten auch, *Gefühle* des Mitarbeiters, etwa die Furcht vor einem Kundengespräch, wahrzunehmen. Sprechen Sie daher Gefühle, die Sie wahrnehmen, an. Meist zeigen sie sich in *nicht-sprachlichen Signalen* (Mimik und Gestik). Ob das Verhalten des Mitarbeiters durch den Coach richtig interpretiert wurde, kann dieser an Äußerungen des Coachees erkennen (z. B. „Genau, so ist es!“ oder „Stimmt, so sehe ich das!“).

Ein erster Schritt zum einfühlenden Verstehen besteht darin, dem Coachee zu verdeutlichen, daß man redlich um Verständnis bemüht ist.

Beispiel:

Coach: „Können Sie mir das genauer schildern? Ich möchte Sie gerne richtig verstehen.“

> Um richtiges Verstehen bemüht sein, bedeutet auch, eigene Motive und Bedürfnisse, etwa selbst gehört und verstanden zu werden, bewußt zu reflektieren. Nur die Bewußtmachung ermöglicht eine Kontrolle im Gespräch.

Übung

Bilden Sie gemeinsam mit zwei anderen Personen eine Dreiergruppe (Rollen A, B und C). Je zwei der drei Teilnehmer an dieser Übung (A und B) einigen sich auf ein reales oder erfundenes „Problem“, über welches sie sprechen möchten. Dabei sollen Sie folgende Spielregeln beachten:

A erklärt sein „Problem“ seinem Gesprächspartner B. Dieser muß die Aussage von A zunächst in eigenen Worten wiedergeben, bevor er eine Erwiderung geben darf. Wurde die Aussage von A korrekt wiedergegeben, so antwortet A mit „stimmt“. War dies nicht der Fall, muß B erneut eine sinngemäße Wiederholung versuchen. Ist diese wieder falsch, muß A seine Aussage wiederholen. Erst nach einer Bestätigung von A darf B im Gespräch fortfahren, und A wiederholt sinngemäß.

C übernimmt die Rolle des Beobachters und registriert, inwieweit die beiden anderen ihre Aufgabe erfüllen. Er stoppt auch die Zeit und gibt nach 15

Minuten ein Zeichen, die Rollen zu wechseln (C ist nun am Gespräch beteiligt!).

Werten Sie anschließend die Übung dahingehend aus, wo die häufigsten Fehler auf seiten des Sprechenden und wo beim Zuhörer zu finden waren.

4.2.2 Positive Wertschätzung

Positive Wertschätzung beschreibt eine Haltung des Coach, die an keine Bedingung gebunden ist. Sie beinhaltet, daß ein Vorgesetzter, der seine Mitarbeiter coacht, in der Lage sein sollte, seinen Coachee auch dann zu akzeptieren und wertzuschätzen, wenn dieser beispielsweise Meinungen oder Bedürfnisse äußert, die ihm mißfallen. Gleiches gilt für Gefühle bzw. Verhaltensweisen, die ihm fremd sind. Dies ist sicher nicht immer leicht, vor allem, wenn der Vorgesetzte auch „echt" sein soll.

> Auf einen Nenner gebracht bedeutet *positive Wertschätzung,* den Coachee als einmalige und wertvolle Person zu respektieren.

Wertschätzung eines Gesprächspartners sollte von diesem auch wahrgenommen werden können. Durch *gezielte und ehrliche gefühlsmäßige Anteilnahme* an Schwierigkeiten, Problemen oder Ängsten des Coachee wird diese Wertschätzung authentisch rückgekoppelt.

Beispiel:

Coachee: „Seitdem ich im Assessment-Center so schlecht abgeschnitten habe, ist mit meinem Selbstwertgefühl nicht mehr viel los!"

Coach: „Es gehört viel Mut dazu, so etwas zuzugeben, Respekt, Herr Müller!"

Sympathie, die vom Coachee wahrgenommen wird, erzeugt schneller das Gefühl, wertgeschätzt zu werden. Was aber, wenn ein Mitarbeiter vom Vorgesetzten als weniger sympathisch empfunden wird? Meist nehmen wir bei Personen, die wir als unsympathisch empfinden, deren Schwächen und Unzulänglichkeiten eher wahr. Ein verstärktes Nachdenken über diese Wahrnehmungen und der Hinweis, daß sich im Mitarbeiter-Coaching diese Wertschätzung entwickeln kann, sind der erste Schritt, um die Einstellung des Coach zu verändern.

Übung

Überwinden einer gering ausgeprägten Wertschätzung:

Häufig denken wir mehr über die *Defizite* unserer Gesprächspartner nach als über ihre Stärken. Versuchen Sie einmal, darüber nachzudenken,

– welche Ursachen dafür verantwortlich sind, daß Sie bestimmten Gesprächspartnern nur wenig Wertschätzung entgegenbringen können und
– welche positiven Elemente der Person Ihre Wertschätzung ihr gegenüber verbessern könnten.

Versuchen Sie danach, in einem imaginären Rollenspiel Ihrem Gesprächspartner (Coachee) seine *Schwächen und Stärken* vorzuhalten. Wechseln Sie anschließend die Perspektive und nehmen Sie die Rolle Ihres Gesprächspartners ein. Was wird er Ihnen entgegnen? Wie würden Sie darauf antworten?

4.2.3 Echtheit

Unter Echtheit wird das Bestreben des Coach verstanden, im Coaching-Gespräch dem Coachee *ehrlich und offen, ohne manipulativen Hintergedanken*, gegenüberzutreten. Es wird nicht gefordert, daß der Vorgesetzte nun alles sagt, was er denkt und fühlt, aber wenn er sich äußert, sollte das seine Meinungen und seine Gefühle widerspiegeln. Mit Echtheit ist eine hilfreiche und keine destruktive Ehrlichkeit gemeint, die nicht Offenheit um jeden Preis möchte.

Beispiel:

Coach: „Es tut mir leid, daß Sie durch die Umstrukturierung der Geschäftsbereiche momentan so wenig Zeit für Ihre Familie haben!"

4.2.4 Intentionalität

Unter diesem Konzept wird die Fähigkeit des Coach verstanden, mit *verschiedenen Verhaltensstrategien* ein Problem anzugehen. D. h., ein intentionaler Vorgesetzter ist nicht nur auf *ein* Handlungsmuster festgelegt, sondern kann beim Mitarbeiter-Coaching auf die unterschiedlichen Situationen flexibel reagieren. Probleme versucht er, aus unterschiedlichen Perspektiven wahrzunehmen und sie gemeinsam mit dem Coachee zu bewältigen. Dabei kann er auf berufliche Erfahrung, Problemlösetechniken und andere Unterstützungsinstrumente zurückgreifen.

4.3 Kommunikative Fähigkeiten

> Kommunikation wird als Prozeß verstanden, bei dem eine Idee aus dem eigenen Kopf hinaus- und in einen anderen hineingetragen wird (nach *H. D. Lasswell*).

Eine andere Form der Definition beschreibt Kommunikation als die wichtigste Form sozialer Interaktion in Gestalt eines Informationsübertragungsprozesses mit den Komponenten: *Kommunikator und Kommunikant* (die einseitig oder wechselseitig einwirken), den *Kommunikationsmitteln* (die als sprachliche oder nichtsprachliche Zeichen auftreten), den *Kommunikationskanälen* (die sich akustisch, optisch usw. – von *Mensch zu Mensch* oder über sogenannte *Massenmedien* Presse, Funk, Film, Fernsehen bieten) und den *Kommunikationsinhalten* aller Art.

Es ist wichtig, daß die Botschaft so gesendet wird, daß sie der Empfänger verstehen, aufnehmen und akzeptieren kann. Denn:

> Gesagt bedeutet nicht gehört, gehört bedeutet nicht verstanden. Verstanden bedeutet nicht einverstanden. Einverstanden bedeutet nicht angewendet. Angewendet bedeutet noch lange nicht beibehalten.

Darüber hinaus sollte der zweckmäßigste Kanal verwendet werden. Je besser die Beziehung des Empfängers zum Sender und je besser das „Empfangsgerät" auf den Sender eingestellt ist, desto originalgetreuer wird die Botschaft beim Empfänger ankommen. Dies wiederum um so sicherer, je besser die *Beziehung* des Empfängers zur ankommenden Information ist. Die Rückkoppelung (Feedback) vom Empfänger zum Sender gibt letzterem die Möglichkeit zu prüfen, ob seine Kommunikation erfolgreich war. Die Bedeutung des Feedback erfordert, daß jedes Kommunikationssystem Rückmeldungen sicherstellen muß (vgl. *Crisand/Pitzek*, 1993).

4.3.1 Ziele von Kommunikation beim Mitarbeiter-Coaching

> Kommunikation beim Mitarbeiter-Coaching hat eine zweifache Zielsetzung: Sie muß *rational-sachliche* Aspekte verfolgen und dabei *emotional-soziale* Gesichtspunkte berücksichtigen.

Kommunikation darf also nicht nur dazu dienen, durch den Coach ausschließlich Wissen, Erfahrung, Einsicht usw. zu vermitteln, um das gemeinsame Coaching-Ziel zu erreichen. Sie muß auch dazu dienen, eine zwischenmenschliche Beziehung zu entwickeln, um eine umfassende Coaching-Basis herzustellen.

Lange Zeit hat man sich in der Kommunikationsforschung an technischen Kommunikationsprozessen (z. B. Rundfunk, Funkverkehr) orientiert und das Geschehen bei der Übermittlung einer Botschaft untersucht. Der „Sender" hat danach eine bestimmte Idee oder Absicht; er übersetzt oder verschlüsselt sie in Worte, spricht diese aus („sendet" sie); sie werden vom Empfänger registriert („empfangen") – durch Umweltgeräusche oder andere Störfaktoren mehr oder weniger stark gestört und verändert –, entschlüsselt und in ihrer Bedeutung erkannt.

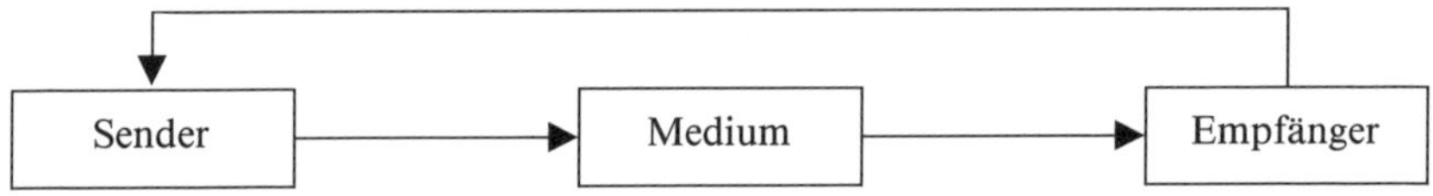

Abb. 9: Technisches Modell der Kommunikation

Dieses lange Zeit vorherrschende technologische Modell vernachlässigt jedoch wichtige persönliche und soziale Einflußgrößen wie die Aspekte der *Beeinflussung, Befindlichkeit und Beziehung*. Die Verbindung dieser wichtigen Größen wird im sogenannten Talk-Modell vollzogen, das nachfolgend beschrieben werden soll.

4.3.2 Das TALK-Modell der Kommunikation

Nach *Schulz von Thun* (1991) hat jede Nachricht vier Aspekte:

- den *Tatsachenaspekt* oder die Sachinformation (Worüber wird informiert?)
- die *Ausdrucksfunktion* oder die Selbstoffenbarung (Was gibt der „Sender" von sich selbst kund?)
- den *Lenkungsaspekt* oder Appell (Wozu soll der „Empfänger" veranlaßt werden?)
- den *Kontakt- oder Beziehungsaspekt* (Was hält der „Sender" von der Person des „Empfängers", und wie stehen beide zueinander?).

Zur besseren Einprägung sind die Anfangsbuchstaben des Tatsachenaspektes (T), der Ausdrucksfunktion (A), des Lenkungsaspektes (L) und des Kontaktes (K) zum Schlüsselwort „TALK" zusammmengefaßt.

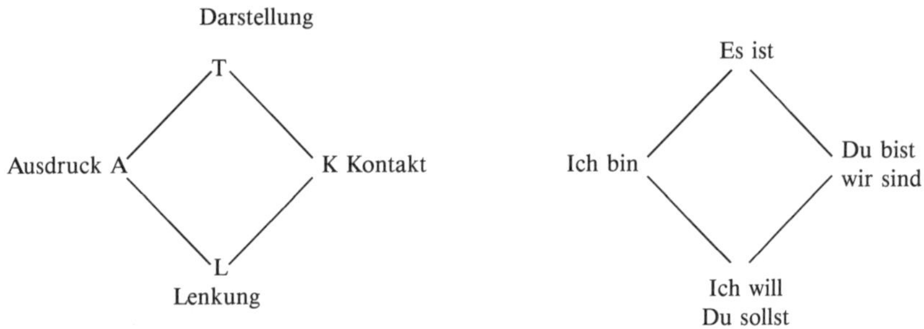

Abb. 10: Das TALK-Modell (aus: *Neuberger*, 1984)

Alle vier Ebenen sind in einer Nachricht immer miteinander verwoben, gleichwohl in unterschiedlicher Gewichtung.

So teilt der Vorgesetzte im Coaching-Gespräch neben den *Sachinformationen* (T) auch etliches über *sich selbst* mit (A). Er versucht aber auch, auf seinen Mitarbeiter *Einfluß* auszuüben (L) und drückt die *Art der Beziehung* zu ihm aus (K). Dies gilt selbstverständlich auch umgekehrt und grundsätzlich für alle Kommunikationsprozesse. Ein Coach muß das Verwobensein der vier Aspekte kennen und einzelne Ebenen bewußt wahrnehmen, um sie für den Coaching-Prozeß nutzbar zu machen.

Mißverständnisse, Verstimmungen und Konflikte treten meist dann auf, wenn der Sender nur eine der vier Seiten der Kommunikation beherrscht (z. B. nur achten auf den Tatsachenaspekt ohne Berücksichtigung der Beziehung) oder der Empfänger nur eine Kommunikationsebene auswertet (z. B. die Beziehung).

> Die Schwierigkeit der Gesprächsführung liegt darin, daß beide Gesprächspartner die verschiedenen Seiten, die immer gesendet werden, erkennen und aufeinander abstimmen müssen.

Dies geschieht i. d. R. dadurch, daß Sender und Empfänger in ihren wechselnden Rollen durch Rückmeldung (Feedback) darlegen, wie die Nachricht bei ihnen angekommen ist.

An folgendem Beispiel aus einem fiktiven Coaching-Gespräch soll das TALK-Modell im Detail verdeutlicht werden:

Beispiel:

Der Vorgesetzte ist Leiter einer Marketingabteilung und coacht einen Mitarbeiter, der sich in sein neues Arbeitsfeld einarbeitet. Coach und Coachee unterhalten sich über verschiedene Möglichkeiten, Lernsituationen zur Weiterentwicklung des Mitarbeiters bereitzustellen.

Coachee: „Ich würde gerne mehr eigene Erfahrungen in meinem Verantwortungsbereich sammeln."

Coach: „Das kann ich nur befürworten. An was haben Sie denn gedacht?"

Coachee: „Ich würde gerne für das Marktsegment, für das ich verantwortlich bin, ein neues Produkt kreieren."

Coach: „Das ist aber schwierig!"

Analysieren wir den letzten Satz *„Das ist aber schwierig!"* dahingehend, welche vier Botschaften er enthält.

1. Tatsachenaspekt (Sachinformation). Der Vorgesetzte als Coach gibt Auskunft darüber, wie er eine solche Aufgabe bewertet, eben *als schwierig.*

2. Ausdrucksfunktion (Selbstoffenbarung). Auf dieser Ebene könnte die Botschaft heißen: *„Ich habe da Erfahrung! Ich stelle mir das nicht so einfach vor!"*

3. Lenkungsaspekt (Appell). Auf dieser Ebene kann vom Mitarbeiter verstanden werden: *„Laß das lieber sein!"*

4. Kontaktaspekt (Beziehungsebene). Der Coachee könnte hier heraushören: *„Dazu brauchst du meine Hilfe"*.

Regeln für die Kommunikation im Coaching-Gespräch:

1. Seien Sie sich stets des potentiellen Rollenkonfliktes „Vorgesetzter versus Coach" bewußt! Dadurch können Sie rechtzeitig Ihr Verhalten regulieren.
2. Bleiben Sie sachlich! Stellen Sie die Sache in den Mittelpunkt des Gesprächs und nicht Ihre eigene Person oder Interessen.
3. Reden Sie verständlich! Benutzen Sie sogenannte *„Verständlichmacher"*, damit sie vom Coachee leichter verstanden werden und er Ihren Gedanken folgen kann. Verwenden Sie
   - einfache und kurze Sätze;
   - benutzen Sie keine Fremdwörter bzw. erklären Sie diese;
   - lassen Sie einen „roten Faden" im Gespräch erkennen;
   - vermeiden Sie Weitschweifigkeit;
   - regen Sie den Coachee durch Bilder, Metaphern und Vergleiche an.
4. Senden Sie Ich-Botschaften! Sie sind glaubwürdiger, wenn Sie Gefühle, Einstellungen und Überzeugungen als Ich-Botschaften formulieren und sich nicht hinter einem „man" verstecken.

4.3.3 Aktives Zuhören

Wir können davon ausgehen, daß der Mensch 100 bis 200 Worte pro Minute spricht. Das Doppelte davon kann er allerdings aufnehmen. Wir verwenden als Zuhörer häufig die ungenutzte Zeit dazu, mit den Gedanken abzuschweifen oder Gegenargumente bzw. Antworten vorzubereiten. Dabei geht dann oft der eigentliche Sinn des Gesagten verloren.

Sinnvoller ist es, wenn man diese Kapazität dazu nutzt, die vier Aspekte des TALK-Modells wahrzunehmen, also den *Tatsachenaspekt* zu verstehen und zu überprüfen, die *Absicht* (Lenkung) des Sprechenden herauszufiltern und seine *psychische Situation* (Ausdruck) in Rechnung zu stellen bzw. die *Beziehungsebene* (Kontakt) einzuschätzen. Der Mensch ist sich normalerweise der Bedeutung des Zuhörens nicht voll bewußt, obwohl er weiß, daß Zuhören mehr ist, als nur Hinhören und aufmerksam sein. Zuhören ist kein passiver Zustand. Durch aktive Beobachtung des Gesprächspartners, z. B. seiner Gestik, Mimik oder Stimmlage kann jede Menge über den Zustand einer Person erfahren werden (vgl. *Crisand/Pitzek*, 1993).

Die vier Bausteine des richtigen Zuhörens:

- die Wahrnehmung;
- das Verstehen;
- die Bewertung und
- die Reaktion.

Wahrnehmen

Je geringer das Interesse, desto geringer ist die Wahrnehmung. Der Mensch nimmt sehr *selektiv* wahr, d. h. auswählend. Dies ist notwendig, um den vielen Reizen der Umwelt zu entgehen. Gesprächspartner filtern das Interessierende heraus und überhören den Rest.

Wir hören nur das, was wir hören wollen!

Mit nachfolgendem Experiment können Sie selbst nachvollziehen, daß wir bestimmte Dinge der Realität „herausfiltern". Anderes nehmen wir dann i. d. R. nicht wahr.

Experiment:

Fragen Sie jemanden, der eine Analog-Armbanduhr besitzt, welche Form die „9" auf seinem Zifferblatt hat. Sind es römische oder arabische Ziffern? Fragen Sie welche Farbe das Zifferblatt hat, ob eine Datumanzeige vorhanden ist und ob evtl. Aufschriften darauf zu finden sind usw.

Sie werden feststellen, daß nur wenige Menschen das Aussehen des Zifferblattes exakt beschreiben können. Betrachten Sie anschließend gemeinsam mit Ihrer Versuchsperson die Uhr, und stellen Sie die Abweichungen fest. Bitten Sie Ihre Testperson kurz darauf, Ihnen die genaue Uhrzeit zu sagen, ohne auf die Uhr zu sehen. Meist bleiben die Befragten eine Antwort schuldig, da sie sich auf die Beschaffenheit des Zifferblatts konzentriert haben.

Übertragen auf das *aktive Zuhören im Coaching-Gespräch* bedeutet dieses kleine Experiment, daß ein Interesse am Gesprächspartner und dem, was er sagt, Voraussetzung für ein effektives Gespräch ist.

Verstehen

Hierunter fällt das *Auffassen* und das *Begreifen* des Gehörten. Es wurde bereits deutlich, daß das Verstehen, z. B. einer Sprache, nicht davor schützt, jemanden mißzuverstehen. Die sinnvollste Technik, um Mißverständnissen vorzubeugen, wäre es, wenn der Gesprächspartner, bevor er antwortet, zunächst wiederholt, was er gehört hat (vgl. Übung zum einfühlenden Verstehen). D. h. es wird geprüft, ob das zusammenpaßt, was die beiden Gesprächspartner meinen (Paraphrasieren). Wichtig ist es daher, die Bedeutung einer Nachricht immer im Rahmen eines *Interpretations- bzw. Definitionsprozesses* miteinander auszuhandeln. Nur dadurch kann eine gemeinsame Wirklichkeit entstehen, die als fruchtbare Basis für das Coaching-Gespräch dienen kann.

Der gleiche Begiff kann unterschiedliche Bedeutung haben

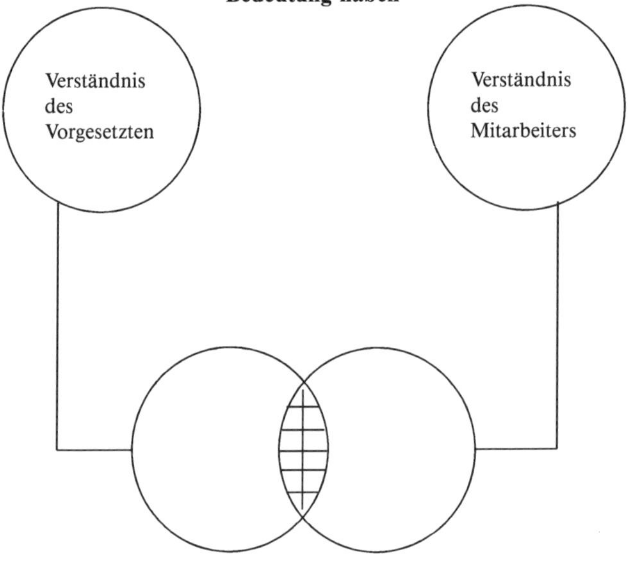

Gemeinsames Verständnis als Grundlage für das Coaching-Gespräch

Abb. 11: Schnittmenge der Wirklichkeiten der Coaching-Partner

Bewerten

Die dritte Komponente im Prozeß des Zuhörens ist die Bewertung dessen, was gehört und verstanden wurde. Bei der Bewertung kommen die *Bezugssysteme* und *Vorurteile* der Gesprächspartner zum Tragen. Deshalb ist es besonders wichtig, rückzukoppeln. Durch Feedback kann dargelegt werden, wie eine Äußerung des Gesprächspartners angekommen ist, etwa eine emotionale Aussage. Das Rückkoppeln von Gefühlen wird im Zusammenhang mit dem aktiven Zuhören auch als *Verbalisieren* bezeichnet. (Beispiel: „Das hat auf mich gewirkt, als. . . .").

Reagieren

Häufig wird beim Zuhören schon über die Art der Erwiderung nachgedacht. Dadurch wird oft falsch reagiert, weil angenommen wird, daß die Antwort bekannt sei. Die beste Art zu reagieren ist 100%ige Aufmerksamkeit. *Nicken, Nachfragen, Blickkontakt und sich nicht von anderen Dingen ablenken lassen*, sind ermunternde Signale für den Gesprächspartner weiterzumachen. Man muß deshalb mit den Aussagen noch nicht übereinstimmen. Es dokumentiert aber *Wärme, Interesse und Respekt* vor der sprechenden Person.

Test

Schieben Sie nun hier eine kleine Pause ein, und denken Sie einmal über Ihr eigenes Kommunikationsverhalten nach. Sie sollten nun, nachdem Sie einiges über das ideale Kommunikationsverhalten eines Vorgesetzten in der Rolle des Coaches seiner Mitarbeiter erfahren haben, überprüfen, welche Fehler Sie im Umgang mit anderen machen. Geben Sie jeder der nachfolgenden Fragen eine Wertung zwischen 0 und 4. Zur Kontrolle können Sie sich von einem Kollegen, Mitarbeiter oder Partner einstufen lassen!

Legende:
0 = niemals
1 = selten
2 = manchmal
3 = häufig
4 = sehr oft

Test: Schlechte Angewohnheiten im Gespräch mit anderen

Aussage:	*Punktzahl:*
Bestreiten Sie Gespräche am liebsten selbst?	...
Zeigen Sie Ungeduld oder Ärger, wenn Ihre Gesprächspartner nicht Ihrer Meinung sind?	...
Tun Sie andere Dinge, z. B. Lesen oder in Unterlagen blättern, wenn andere mit Ihnen sprechen?	...
Drängen Sie anderen Ihre Meinung auf?	...
Sind Sie zeitweilig „ungenießbar“?	...
Zeigen Sie es, wenn Sie den Motiven anderer ab und zu nicht trauen?	...
Machen Sie sich über Mitarbeiter ab und zu lustig?	...
Reagieren Sie gekränkt, wenn man Sie auffordert, etwas zu ändern, was Sie gemacht haben?	...
Werden Sie laut oder schreien Sie mit anderen, wenn Sie wütend sind?	...
Kritisieren Sie andere in Gegenwart Dritter?	...
Machen Sie sich lustig über Ideen, Freunde oder Kleidung von anderen Menschen?	...
Sind Sie sarkastisch?	...
Streiten Sie, statt Meinungsverschiedenheiten zu debattieren?	...
Reden Sie meistens von sich, von Ihren Erfahrungen, Ideen oder Chancen, die sich Ihnen bieten?	...
Bestehen Sie darauf, für Ihre Kinder zu entscheiden?	...
Schlagen Sie Krach, oder werden Sie mürrisch, wenn jemand konstruktive Kritik äußert?	...
Verhöhnen Sie manchmal andere oder deren Arbeit?	...
Sprechen Sie in Gesellschaft über Ihre familiären Sorgen?	...
Prahlen Sie mit dem, was Sie alles für die Familie tun?	...
Befehlen Sie anderen manchmal etwas zu tun, statt darum zu bitten?	...
Streiten Sie sich um das Recht, etwas so zu machen, wie Sie es wollen?	...
Hören Sie ungeduldig in einer Mitarbeiterbesprechung zu, wenn jemand seine Meinung äußert?	...

Aussage:	*Punktzahl:*
Setzen Sie an den Plänen anderer häufig etwas aus?	...
Versprechen Sie leicht etwas, ohne es hinterher auch halten zu können?	...
Unterbrechen Sie andere, und wechseln Sie zu einem Gesprächsthema über, das Sie interessiert?	...
Zeigen Sie, daß Sie an neuen Ideen hinsichtlich Ihrer Tätigkeit nicht interessiert sind?	...
Drängen Sie Geschäftspartnern Ihre Sicht der Dinge auf?	...

Welches negative Kommunikationsverhalten zeigt Ihr Testprofil? Zur Kontrolle können Sie sich auch durch Familienmitglieder, Freunde oder Mitarbeiter beurteilen lassen!

4.3.4 Körpersignale

Gefühle können sich im *Gesichtsausdruck, der Mimik, den Körperbewegungen, der Gestik sowie weiteren Signalen*, wie etwa *rote Flecken im Gesicht, Händezittern* o.ä. zeigen. Diesen Umstand beschreibt unsere Sprache mit vielen Beispielen, etwa mit folgenden Begriffen: Ein saures Gesicht machen...Die Zähne zusammenbeißen...Den Kopf verlieren usw. Viele Informationen kann der Coach im Gespräch aufgrund dieser Körpersignale erhalten. Natürlich teilt auch der Coach im Coaching-Gespräch über die Sprache hinaus eigene Befindlichkeit über den *mimischen Ausdruck, seine Körperhaltung und -bewegung* sowie *willentlich nicht beeinflußbare Körperreaktionen* mit.

Ausgesendete nichtsprachliche Signale verstärken im Gespräch auch Verhaltensweisen des Gegenübers, etwa ein Kopfnicken oder ein intensiver Blickkontakt. Ein bestätigendes Kopfnicken zeigt dem Mitarbeiter, daß ihm aufmerksam zugehört wird. Blickkontakt signalisiert Verbindung, Anteilnahme und Nähe. Allerdings kann ein fixierender Blick auch Angst auslösen. Untersuchungen zeigen, daß ein fixierender Blick, länger als zehn Sekunden, eher *Aggressivität* als Zuwendung signalisiert (*Moore* u. *Gilliand*, 1921). Zwischen einem fixierenden und einem flüchtigen Anschauen liegt der gute Blickkontakt.

Sind beide im Coaching-Gespräch aufmerksam, erhalten Vorgesetzter und Mitarbeiter Hinweise darauf, wie sie verstanden wurden, ob Ablehnung, Gleichgültigkeit oder Zuneigung beim Coaching-Partner vorhanden sind.

Für den Vorgesetzten ist das Wissen um nonverbale Signale beim Mitarbeiter-Coaching besonders wichtig. Er kann dadurch einerseits Tendenzen beim Mitarbeiter erkennen, z. B. Gefühle zu unterdrücken, und damit dazu beitragen, ihm diese bewußt zu machen. Andererseits sind die nichtsprachlichen Signale, die der Coach aussendet, dazu geeignet, den Mitarbeiter im Gespräch sich wohler und sicherer fühlen zu lassen. Eine so geartete Atmosphäre führt schließlich dazu, daß der gecoachte Mitarbeiter sich zunehmend öffnen kann und Vertrauen gewinnt.

Eine Führungskraft, die als Coach ihre Mitarbeiter betreuen und beraten möchte, sollte daher die eigene Körpersprache als *Symbolsprache* verstehen lernen und verstärkt auf den nonverbalen Kanal im Gespräch achten. Es gilt dabei allerdings auch bei nicht-sprachlichen Signalen: Wir können unser Umfeld nicht objektiv wahrnehmen. Die Subjektivität von Wahrnehmung hat zur Folge, daß der Bedeutungsgehalt wahrgenommener Körpersprache unterschiedlich definiert werden kann. Die Konsequenz daraus ist, daß beobachtetes Verhalten des Coachees nicht schweigend gedeutet werden darf, sondern Beobachtungen dem Gesprächspartner rückgemeldet werden müssen, um mit ihm darüber sprechen zu können (Feedback).

Beispiele für das Ansprechen nichtsprachlichen Verhaltens:

1. „Sie runzeln die Stirn. Ist Ihnen nicht klar, was ich meine?"
2. „Sie wirken im Moment recht hilflos auf mich. Fühlen Sie sich auch so?"

Übung

Die Wahrnehmung nichtsprachlicher Signale nimmt eine wichtige Funktion im Kontakt mit dem Gesprächspartner ein, obwohl wir uns dessen i. d. R. nicht bewußt sind. Versuchen Sie einmal, mit einem Partner fünf Minuten lang ein Gespräch mit geschlossenen Augen zu führen. Setzen Sie anschließend das Gespräch mit geöffneten Augen fort. Nach weiteren fünf Minuten diskutieren Sie gemeinsam mit Ihrem Gesprächspartner die Unterschiede in der Wahrnehmung unter den beiden Bedingungen. Was mußten Sie unter der Bedingung „geschlossene Augen" an fehlender Wahrnehmung ausgleichen?

Unter welcher Bedingung war Ihrer Meinung nach die Unterhaltung erfolgreicher? Welche Rückmeldungen vermißten Sie mit geschlossenen Augen am meisten?

4.3.5 Richtig fragen

Im Coaching-Gespräch geht es um das *Aufgabenfeld* des Mitarbeiters, seine *Bedürfnisse, die Erwartungen des Vorgesetzten* und um *Problemlösungen.* Als Coach versucht der Vorgesetzte nach Möglichkeit, präzise Informationen zu erhalten. Viele psychische Filter verändern Informationen, etwa *Wünsche, Ängste, Hoffnungen* usw. Im Fall der Körpersprache führen Fehlinformationen über die Eindeutigkeit von nichtsprachlichen Signalen zu unrichtigen Interpretationen. Vorurteile verstärken diese psychologischen Aspekte zusätzlich.

Eine Führungskraft kann aber nicht mit „gefilterten Informationen" arbeiten. Vielmehr braucht sie „präzise" Angaben. Der beste Weg dazu ist eine gute *Fragetechnik.* Grundsätzlich gilt für jedes Gespräch, daß nicht mehrere Fragen gleichzeitig gestellt werden, da sie ausweichende Antworten provozieren. Im Zusammenhang mit dem Mitarbeiter-Coaching sind folgende vier Fragearten wichtig:

- Sondierungsfragen,
- Akzentuierungsfragen,
- gezielte Fragen,
- Fragen zur Erklärung.

Sondierungsfragen

Sondierungsfragen erkennt man an den Einleitungen *was, wann, wie* oder *wo.* Geschlossene Fragen, auf die ein Coachee nur mit *ja* oder *nein* antworten kann, sind insbesondere zu Beginn der Coaching-Beziehung zu vermeiden, wenn es darum geht, eine Beziehung aufzubauen und Vertrauen zu gewinnen. Hier arbeitet es sich besser mit nachforschenden Fragen.

Beispiele:

1. „Sie sind nun seit drei Monaten bei uns. Wie wollen Sie Ihr weiteres Vorgehen in Ihrer Abteilung gestalten?"
2. „Welche Situationen in Kundengesprächen sind es im besonderen, die Sie verunsichern?"

Akzentuierungsfragen

Mit der Akzentuierungsfrage wiederholt der Coach eine Aussage seines Gesprächspartners dadurch, daß er ein, zwei Worte besonders heraushebt. Er signalisiert damit sein Interesse an einer näheren Erläuterung.

Beispiele:

1. Coachee: „In Situationen, in denen mir meine Mitarbeiter sagen müssen, was ich machen muß, etwa bei bestimmten PC-Programmen, fühle ich mich irgendwie unwohl."

   Coach: „Unwohl?"

2. Coachee: „Seit einiger Zeit fühle ich mich jeden Abend ausgebrannt."

   Coach: „Ausgebrannt?"

Gezielte Fragen

Eine der wichtigsten Aufgaben des Coach bei der gemeinsamen Problemlösung ist es, beschriebene Sachverhalte, Handlungen oder Verhaltensweisen zu isolieren und sie zunächst getrennt zu betrachten. Dieses Zergliedern hilft später, Zusammenhänge besser zu verstehen. Dazu ist es zu bestimmten Zeitpunkten im Gespräch notwendig, zu *präzisieren*. Dies geschieht am besten durch gezielte Fragen, um den Mitarbeiter zu präzisen Angaben zu veranlassen.

Beispiele:

1. „Wieviele Mitarbeiter fehlen Ihnen derzeit in der Abteilung?"
2. „Welche Maschinen setzen Sie derzeit in der Produktion ein?"

Fragen zur Erklärung

Hin und wieder kann es beim Mitarbeiter-Coaching für den Coach schwierig werden, den Gedanken des Coachee zu folgen. Läßt der Vorgesetzte den Mitarbeiter einfach weiterreden, ohne um Erklärung zu bitten, gehen wesentliche Punkte für das Verständnis des Gesagten verloren. Andererseits möchte der Coach den Gesprächspartner auch nicht unnötig unterbrechen. Hier ist es dem Geschick des Vorgesetzten im Gespräch überlassen, noch zu warten, in der Hoffnung, daß der Zusammenhang sich noch ergibt; oder den Mitarbeiter zu unterbrechen, um für *Klärung* zu sorgen.

Beispiele:

1. „Wie haben Sie das gerade gemeint, als Sie sagten, Ihr Mitarbeiter wäre dem Psychoterror durch seine Kollegen ausgesetzt?"
2. „Können Sie mir nochmals beschreiben, was Sie mit veränderten Rahmenbedingungen meinen?"

4.3.6 Feedback geben

In den vorangegangenen Abschnitten wurde deutlich, daß durch ein Interpretieren von Aussagen, Gefühlen oder Körpersignalen Mißverständnisse und Ärger entstehen können. Dem vorzubeugen dient das *Rückkoppeln oder Feedback*. Diese Funktion ist im Coaching besonders wichtig, da sie ein Mittel zu konstruktiver Offenheit darstellt und das Coaching-Gespräch für beide Seiten befriedigender gestaltet. Gleichzeitig erfüllt Feedback auch die Aufgabe, dem Coach und dem Coachee zunächst *unbewußte Kommunikationshindernisse* bewußt zu machen. Diese Gesprächsbremsen ergeben sich

daraus, daß beide häufig nicht wissen, wie ihr Verhalten auf den jeweils anderen wirkt. Damit sind sowohl bewußte als auch unbewußte, also nicht selbst wahrgenommene Handlungen und Verhaltensweisen gemeint.

Feedback dient dazu, uns erkennen zu lassen, welche Wirkungen unsere Handlungen und Verhaltensweisen auf andere haben.

Das Feedback-Geschehen ist in Abbildung 12 graphisch dargestellt.

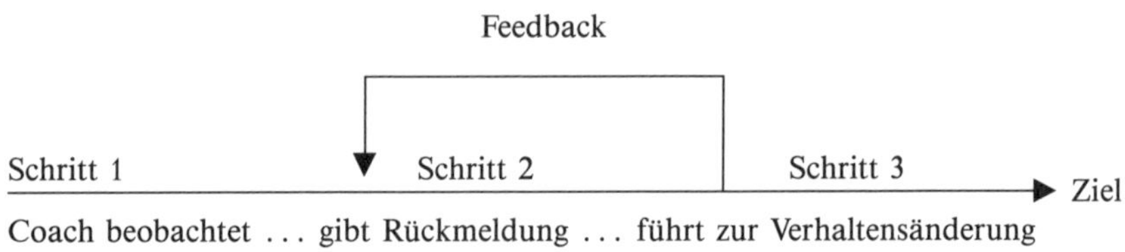

Abb. 12: Schematische Darstellung des Feedback-Geschehens

Mit Hilfe des sogenannten JOHARI-Fensters, das nach den Autoren *Joe Luft* und *Harry Ingham* benannt ist, können wir unser Verhalten in vier Bereiche einteilen. Sie ergeben sich aus der Kombination von „Selbstwahrnehmung" und „Fremdwahrnehmung" (vgl. Abbildung 13).

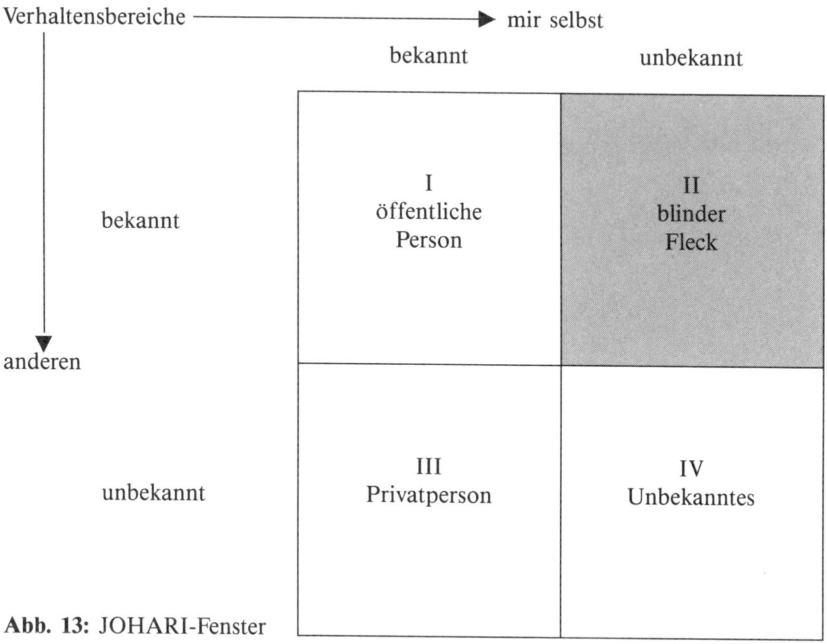

Abb. 13: JOHARI-Fenster

Quadrant I: Dies ist der Bereich der *öffentlichen Aktivität* einer Person. Handlungen und Verhaltensweisen sind sowohl der *handelnden Person* bekannt als auch von *anderen* wahrnehmbar. Fakten und Daten, die eine Person über sich bekannt gibt, gehören gleichfalls dazu.

Quadrant II: Dieser betrifft den Bereich des sogenannten *„blinden Flecks“*, d. h. den Teil des Verhaltens einer Person, der zwar für andere sicht- und erkennbar ist, etwa eine gewisse Arroganz im Verhalten oder eine oberlehrerhafte Art, die dem Betroffenen jedoch nicht bewußt ist.

Quadrant III: Dies ist der Bereich des Handelns und Verhaltens, der einer Person bekannt und bewußt ist. Informationen, die diesem Feld zuzuordnen sind, werden *anderen nicht bekannt* gemacht. Etwa Ideen, Gefühle oder Reaktionsweisen, die nicht oder noch nicht öffentlich werden sollen.

Quadrant IV: Hierunter fallen alle Vorgänge und Aktivitäten, die weder der betroffenen Person noch anderen bekannt sind. Dazu zählen z. B. unbewußte Motive für Verhalten, Abgewehrtes und Vorbewußtes.

Überträgt man das JOHARI-Fenster auf den Beginn eines Mitarbeiter-Coaching, so läßt sich die Situation wie in Abbildung 14 gezeigt darstellen.

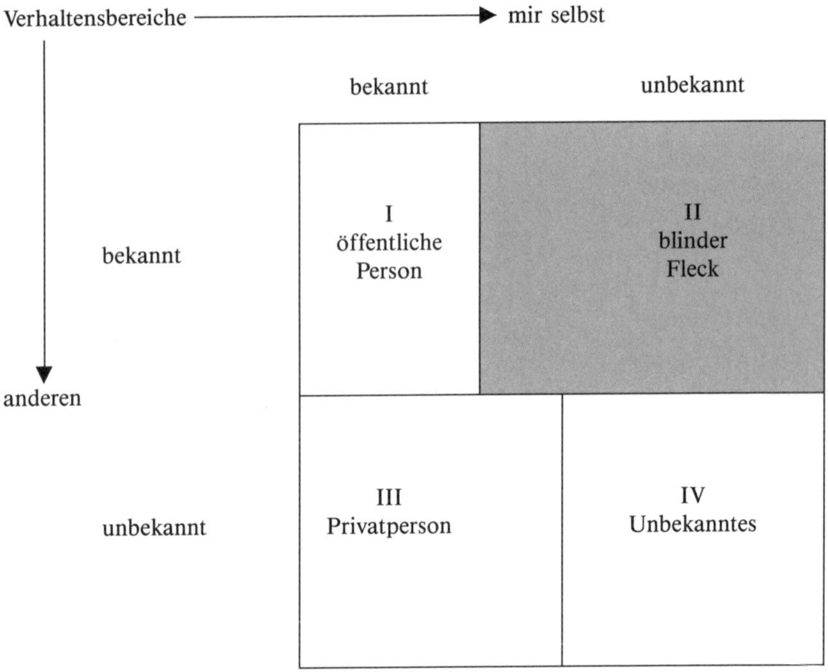

Abb. 14: JOHARI-Fenster zu Beginn des Coaching

Der Bereich der *öffentlichen Person* (I) ist relativ groß, da der Vorgesetzte über das Arbeits- und Aufgabenfeld des Mitarbeiters bzw. dessen Leistungen weitgehend informiert ist.

Der *blinde Fleck* (II) nimmt recht viel Raum in Anspruch, da Feedback zu persönlichen Reaktionen des Coachs auf spezifisches Verhalten des Coachee noch wenig oder gar nicht stattgefunden hat.

Der Bereich des *Verbergens* (III) ist gleichfalls relativ groß, d. h. die Fassade, hinter der sich der Mitarbeiter verbirgt.

Das Feld des *Unbewußten* (IV) behält seine Größe, da es i. d. R. nur durch einen therapeutischen Prozeß verändert wird.

Wechselseitiges Feedback beim Mitarbeiter-Coaching beinhaltet nun die Chance für Vorgesetzten und Mitarbeiter, den Bereich des blinden Flecks zu verkleinern.

Dies wird in erster Linie zu Veränderungen beim Mitarbeiter führen, wenngleich es wünschenswert ist, daß der Feedback-Prozeß wechselseitig ist. Rückmelden bedeutet, daß der Bereich des *Verbergens* auf seiten des Feedback-Gebers kleiner wird und der *blinde Fleck* beim Empfänger schrumpft.

Das Geben und Nehmen von Feedback führt dazu, daß die Quadranten II und III kleiner werden und der Bereich der *öffentlichen Person* sich vergrößert (I). Dies ist in Abbildung 15 graphisch dargestellt.

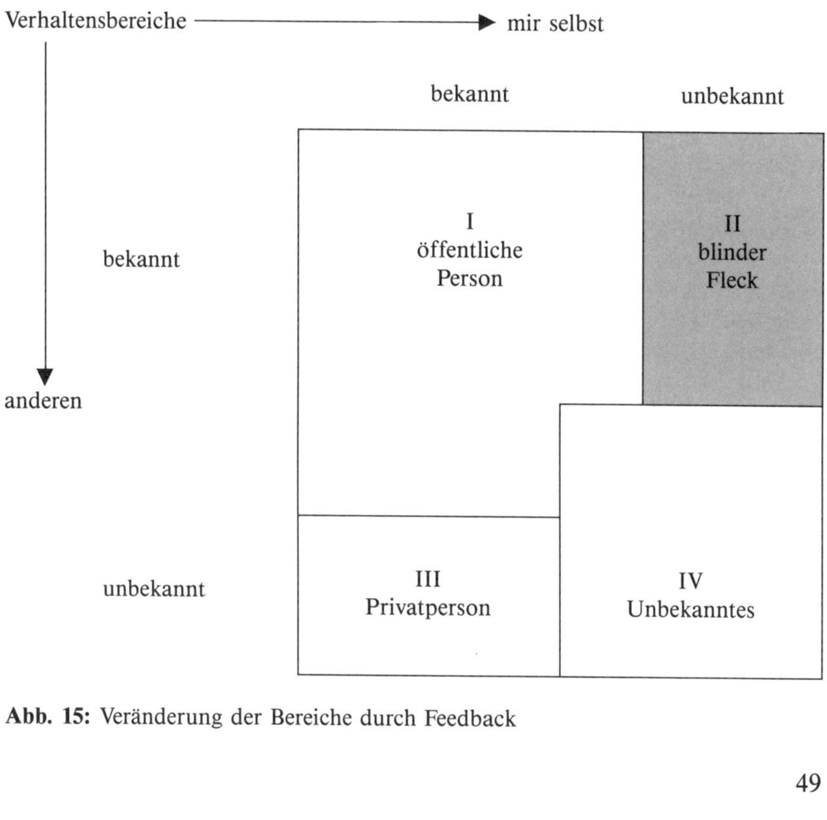

Abb. 15: Veränderung der Bereiche durch Feedback

Es ist sinnvoll, als Coach den Mitarbeiter zu einer *„selektiven Echtheit"* zu ermuntern, d. h. die Führungskraft unterstützt die Bereitschaft des Mitarbeiters, sich so weit zu öffnen, daß dieser relevante Informationen für den Coaching-Prozeß einbringen kann. Je mehr diese bedeutungsvollen Informationen bewußt werden, desto besser kann der Coachee

- sein *Arbeitsverhalten* ändern und damit *optimieren*;
- seine *Verhaltens- und Handlungsweisen bewußt wahrnehmen*;
- begreifen, welche *emotionalen Auswirkungen* sein Verhalten auf andere hat;
- eigenes *förderliches* von *schädlichen* Handlungs- bzw. Verhaltensmustern unterscheiden.

Feedback kommt dann besonders gut an, wenn der Coach ...

- Verhalten oder Sachverhalte *beschreibt*, anstatt zu *bewerten*. Dadurch wird Widerstand vermieden;
- auf *konkrete Vorfälle, Aufgaben oder Projekte* eingeht;
- *konstruktiv* ist, d. h. Hinweise gibt, wie es der Mitarbeiter besser machen kann;
- *Gefühle* nicht indirekt, sondern *direkt* formuliert werden („Ich ärgere mich über Ihre letzte Äußerung, weil...!")
- *neutrale Worte* gewählt werden, die frei von jeglichen *Eltern-Ich-* oder *Kind-Ich-Implikationen* sind, z. B. „Sie sehen aus, als ob ...", „Ich höre, Sie sagen ..."
- die Man-Form zugunsten der *Ich-Form* vermieden wird;
- *umkehrbar formuliert* wird, d. h., das was der Coach dem Coachee sagt, sollte dieser auch gegenüber ihm äußern können;
- *Wünsche vorgebracht* werden („Ich möchte das so und so gehandhabt haben!")
- Feedback *unmittelbar* ist, also möglichst kurz nach dem interessierenden Verhalten.

Ratschläge für den Vorgesetzten bezüglich des *Empfangens von Feedback*:

1. Sagen Sie genau, worüber Sie Rückmeldung vom Coachee erwarten („Was halten Sie von meinen Ratschlägen, die ich in unser Gespräch einbringe?")
2. Verteidigen und argumentieren Sie nicht gleich, manchmal ist es besser, über ein Feedback nachzudenken.
3. Hören Sie zunächst nur zu, klären Sie evtl. und überprüfen Sie, was Sie gehört haben.
4. Sprechen Sie darüber, was das Feedback bei Ihnen ausgelöst hat, so daß der Coachee weiß, ob sein Feedback hilfreich für Sie war.

Diese Regeln für das Annehmen von Feedback können auch für den Coachee gelten, je nachdem, was der Vorgesetzte und der Mitarbeiter vereinbaren.

Übung

Suchen Sie sich nach einer Besprechung oder einer Arbeitssitzung, bei der kontrovers diskutiert wurde, die Person heraus, von der Sie glauben, daß sie die entstandenen Konflikte oder Meinungsverschiedenheiten noch nicht befriedigend gelöst hat. Gehen Sie von der Möglichkeit aus, daß Sie das Verhalten falsch interpretiert oder wahrgenommen haben. Versuchen Sie, durch gezieltes Feedback Ihre Meinung zu überprüfen, indem Sie Ihren Gesprächspartner fragen,

- wie er sich während der Sitzung gefühlt hat und welche Gefühle er Ihnen entgegengebracht hat;
- wie er sich in der Besprechung verhalten hat bzw. wie er sein Verhalten wahrgenommen hat;
- ob seine Gefühle und sein Verhalten zueinander paßten.

Sagen Sie ihm (Feedback),

- wie Sie sein Verhalten sahen;
- welche Gefühle Ihrer Ansicht nach hinter diesem Verhalten steckten;
- welche Gefühle sein Verhalten bei Ihnen ausgelöst hat.

Ziel der Übung ist es, die Sichtweise des anderen zu verstehen, indem dieser die Möglichkeit erhält, sein Verhalten zu erklären und Ihre Sicht der Dinge kennenzulernen.

Wenn Sie Feedback erhalten,

- argumentieren und verteidigen Sie sich nicht!
- Hören Sie nur zu, klären Sie und nehmen Sie auf!

Checkliste

Sie finden nachfolgend einige Merkmale aufgelistet, die allgemein als wichtig für das Mitarbeiter-Coaching erachtet werden. Allerdings mögen Sie vielleicht der einen oder anderen Aussage nicht ohne weiteres zustimmen. Prüfen Sie die Liste deshalb Punkt für Punkt, und wenn Sie glauben, daß einer für Sie nicht gelten kann, dann streichen Sie ihn durch. Da die Liste unvollständig ist, können Sie entsprechend Ihrer beruflichen Position und den speziellen Gegebenheiten in Ihrer Organisation noch mehr Punkte einfügen, die bei einem Mitarbeiter-Coaching von Wichtigkeit sind. Tragen Sie diese Merkmale am Ende der Liste ein.

Lesen Sie sich die vervollständigte Liste vor jedem Coaching-Gespräch nochmals durch, um sich das Idealverhalten zu vergegenwärtigen!

1. Der Coach hat eine wohlwollende Einstellung zu seinem Coachee.
2. Das Gespräch bleibt vertraulich.
3. Der Coach sorgt dafür, daß die Sitzung nicht gestört wird.
4. Zu Beginn des Coaching erklären beide, was sie voneinander erwarten.
5. Einen guten Teil der Sitzung verbringt der Coach mit aktivem Zuhören.
6. Der Coach faßt zwischendurch zusammen und fragt nach.
7. Alle sachdienlichen Informationen werden offengelegt.
8. Gefühle können offen gezeigt werden.
9. Probleme werden gemeinsam analysiert und beurteilt.
10. Es werden verschiedene Lösungswege gesucht und ihre Vor- und Nachteile offen diskutiert.
11. Es wird besonders Wert auf aktives Handeln gelegt, und dementsprechend werden Pläne entworfen.
12. Möglichkeiten zur persönlichen Weiterentwicklung werden mit besonderem Interesse verfolgt.
13. Es wird ein Termin vereinbart, zu dem das Gespräch fortgesetzt wird.
14. Das Gespräch wird analysiert, so daß Coach und Mitarbeiter aus ihren Erfahrungen lernen können.
15. ....
16. ....
17. ....
18. ....

4.4 Problemlösefähigkeit

Das Coachen von Mitarbeitern durch den Vorgesetzten, verstanden als Hilfe zur Selbsthilfe, bedeutet, gemeinsam herauszufinden, was beispielsweise einen Mitarbeiter daran hindert, sich in bestimmten Situationen nicht genauso kompetent zu verhalten wie in anderen. Es bedeutet, eine Abweichung von erwartetem zu gezeigtem Verhalten zu verringern. Abweichungen eines Ist-Zustandes, welcher Art auch immer, zu einem definierten Soll- oder Idealzustand werden als *Problem* bezeichnet. Wahrnehmungsblockaden beim Coachee zu lösen und Selbstorganisationsprozesse in Gang zu setzen, bedeutet also konkret, gemeinsam mit dem oder den Mitarbeitern Probleme zu lösen. Die umfangreiche Literatur zur Psychologie der Problemlösung zeigt, daß der Mensch eher unstrukturiert an Probleme herangeht, d. h. nach der Methode „Versuch und Irrtum“. Es ist daher hilfreich, eine gewisse Struktur für das Problemlösen im Hinterkopf zu haben, die das Vorgehen erleichtert. Hierzu bietet sich das bereits beschriebene Raster zur *Person, Situation und Organisation*, kurz PSO-Schema, an.

	Person	Situation/Team	Organisation
	Fähigkeit, Zustand, Eigenschaften usw.	Zusammenarbeit, Arbeitsmittel, Auftrag usw.	Kultur, Abläufe, Regeln usw.
Ist-Zustand (Wie sieht z. B. das konkrete Verhalten aus?) **Soll-Zustand** (Wie sollte es sein?)			
Intervention (Was soll idealerweise getan werden? Was kann getan werden?)			
Prävention (Wie können Fehler langfristig vermieden werden?)			

Abb. 16: PSO-Raster als Grundlage des Problemlöseprozesses

Lösen Sie Probleme mit dem Coachee nach folgenden Regeln:

- Feststellen der Tatsachen (Feststellen von Ist- und Sollzustand). *Sammeln Sie gemeinsam* grundlegende Fakten und Aspekte des Problems. Ergründen Sie gemeinsam die möglichen Motive der Beteiligten.
- Definition des Problems (Abweichungen von Ist- zu Sollzustand festlegen). Das Problem ergibt sich aus *dem Vergleich* zwischen der Beschreibung des Idealzustandes oder Idealverhaltens und der Realität. Die Diskrepanz stellt das Problem dar. Bei diesem Prozeß stellt die Führungskraft als Coach u. U. fest, daß das Problem ein anderes ist als das zunächst vom Coachee angesprochene.

– Entscheidungen treffen (Intervention). Nachdem das Problem möglichst genau definiert wurde, gilt es, sich gemeinsam mit dem Coachee für die *Wege, Mittel* oder *Verhaltensweisen* zu entscheiden, die nötig sind, um das Ideal zu erreichen bzw. das Problem zu lösen.

– Vermeidung potentieller Probleme (Prävention). Durch *proaktives Denken* („Was könnte geschehen, wenn...?"), also durch eine geistige Vorwegnahme möglicher Abweichungen des Ist- vom Sollzustand in der Zukunft und der Planung entsprechender Maßnahmen („Was können wird dagegen tun?") wird versucht, den „Reparaturfall" zu vermeiden. Als Beispiel dafür kann die „Impftechnik" dienen. Mit ihrer Hilfe kann der Vorgesetzte den Mitarbeiter z. B. durch die Vorwegnahme von Kundeneinwendungen in einem simulierten Verkaufsgespräch auf den „Ernstfall" vorbereiten und Fehlverhalten im Vorfeld korrigieren.

Dieses Vorgehen läßt sich mit dem bereits beschrieben PSO-Raster darstellen (Abbildung 16). Es ordnet das Vorgehen übersichtlich und bietet die Möglichkeit, entsprechende Instrumente dem Dreierschritt des *Diagnostizierens, Intervenierens und Prävenierens* zuzuordnen.

4.5 Transaktionsanalytische Aspekte

Die *Transaktionsanalyse (TA)* ist ein von *Berne* (1975) entwickeltes Verfahren, um Kommunikationsvorgänge zwischen Menschen, die sogenannten „Transaktionen", zu analysieren. Als Methode der humanistischen Psychologie kann die Transaktionsanalyse für die Führungskraft ein wichtiges Hilfsmittel sein, um eine produktive Beziehung zum Coachee aufzubauen und bewußt Veränderungen im eigenen Verhalten sowie dem des Mitarbeiters in Gang zu setzen.

Rüttinger (1992) sieht die generellen Ziele der TA im Management in folgenden Punkten:

Selbsterkenntnis

Wertvorstellungen, Prinzipien und Normen beeinflussen Führungskräfte und ihr Verhalten gegenüber ihren Mitarbeitern. Kritik an fehlerhaftem Mitarbeiterverhalten wird häufig aus individuellen Normen des Vorgesetzten gespeist, wie etwa *„Sei perfekt"* oder *„Sei immer der Beste"*. Negativ sind solche Verhaltensnormen dann, wenn Sie verhindern, daß ein Mitarbeiter aus seinen Fehlern lernt bzw. seine Schwächen ausgleichen kann.

Bewußteres Verhalten

Automatisiertes Verhalten, wie es z.B. durch gelernte Normen aktualisiert wird, etwa *„Sei immer der Erste"*, führt dazu, daß Handlungen unbewußt ablaufen. Vorgesetzte, die aufgrund dieser Norm immer und überall Konkurrenz wittern, werden ihr Verhalten gegenüber einem Mitarbeiter nur dann überlegt steuern können, wenn ihnen diese Verhaltenstendenzen bewußt sind. Die TA kann dabei helfen, sich stärker auf diese Prozesse im Coaching-Gespräch zu konzentrieren, um sich bewußter zu verhalten.

Autonomie

TA kann hilfreich sein, die Beziehung zwischen dem Vorgesetzten in seiner Funktion als Coach und dem Mitarbeiter in seiner Rolle als Coachee auf die Basis „Ich bin ok – du bist ok!" zu stellen. Diese Grundeinstellung führt zu effektiven Verhaltensweisen beider Gesprächspartner. Nur so können eine Führungskraft und sein Mitarbeiter beim Coaching Vertrauen zueinander aufbauen und die Fähigkeit entwickeln, zu delegieren bzw. Arbeiten autonom auszuführen.

4.5.1 Ich-Zustände

Berne (ebenda) nimmt in Anlehnung an *Freud* eine Teilung der Persönlichkeit in *drei Ich-Zustände* vor, die jeweils das Verhalten bzw. die Eigenschaften des Menschen bestimmen. Für das Coaching durch den Vorgesetzten ist von Bedeutung zu wissen, welche dieser drei Persönlichkeitsbereiche beim Mitarbeiter-Coaching besonders förderlich bzw. hinderlich sind.

Eltern-Ich

Das *Eltern-Ich* beinhaltet Einstellungen, Tabus, Gruppen- und Gesellschaftsnormen, Gebote und Verbote und Verhaltensweisen, die *ungeprüft* von den Eltern übernommen wurden. Im Verhalten zeigt sich das Eltern-Ich z. B. in *korrigierendem* und *belehrendem Handeln.* Es ist aktiv, wenn getadelt oder bestraft wird. Es kann aber auch fürsorglich sein gegenüber anderen, was sich in *beschützenden und betreuenden Verhaltensweisen* zeigt.

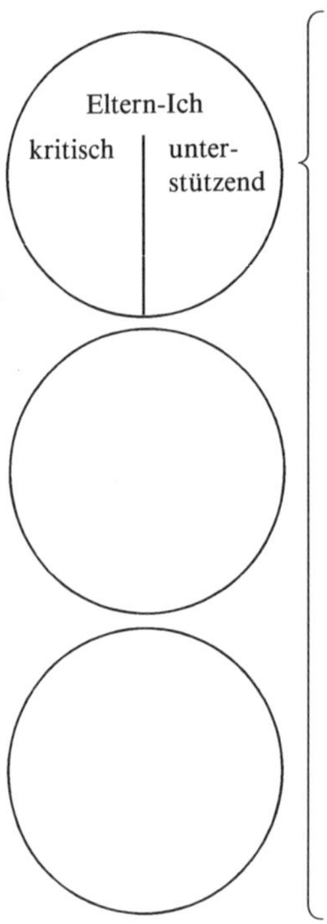

Entstehung:	Von Bezugspersonen in der Kindheit übernommene Prinzipien und damit zusammenhängende Reaktionen und Verhaltensweisen	
Verhaltens-tendenz:	automatisch	
Verhaltens-weisen:	**kritisches Eltern-Ich:**	**unterstützendes Eltern-Ich:**
	– wertet negativ bzw. wertet ab	– hört zu
	– denkt in Schwarz-Weiß-Kategorien (gut/schlecht, richtig/falsch, ja/nein u. ä.)	– hat Verständnis
	– verallgemeinert	– hat Geduld
	– befiehlt	– wertet positiv bzw. wertet auf
	– kritisiert	– hilft
	– weist zurecht	– tröstet
	– schulmeistert	– beruhigt
	– stellt rhetorische und inquisitorische Fragen	– ermutigt
	– moralisiert	– gleicht aus
	– bestraft	

Abb. 17: Kennzeichen des Eltern-Ich (Quelle: *Rüttinger*, 1992)

Diese beiden Komponenten werden als *kritisches und unterstützendes Eltern-Ich* bezeichnet.

Beispiel für Äußerungen aus dem *kritischen Eltern-Ich*:

„Ich werde dafür sorgen, daß sich dieser Zustand augenblicklich ändert!"

Beispiel für eine *unterstützende Äußerung*:

„Ich werde sehen, daß ich Ihnen bei diesem Projekt helfen kann".

Begleitet werden diese Äußerungen oft von entsprechender *Gestik, Mimik und Schwankungen der Stimmlage.* Beim kritischen Eltern-Ich beispielsweise durch einen erhobenen Zeigefinger, Kopfschütteln oder eine laute Stimme.

Aussagen des Vorgesetzten, die dem Eltern-Ich zuzuordnen sind, können dem Grundprogramm „Ich bin ok – du bist nicht ok!" zugeordnet werden.

Erwachsenen-Ich

Die Bezeichnung *Erwachsenen-Ich* ist unabhängig vom Alter einer Person zu verstehen und steht eher als Synonym für *Rationalität, sachlich-realitätsbezogenes Denken* sowie *das Problemlösen.* Das Erwachsenen-Ich sammelt Daten und Informationen und verrechnet sie ähnlich einem Computer. Es ist die *vermittelnde Instanz* zwischen dem Eltern-Ich und dem noch zu beschreibenden *Kind-Ich.* Gegenüber dem Eltern-Ich hat es die Aufgabe, dort abgelegte Normen daraufhin zu überprüfen, ob diese für eine Verhaltensregulation noch sinnvoll sind (vgl. Abbildung 18 auf S. 58).

Das Erwachsenen-Ich stellt vor allem die offenen W-Fragen, *wie, warum, wer, was, wo* usw.

In nonverbalen Signalen drückt sich das Erwachsenen-Ich z. B. durch *ausgeglichene Bewegungen des Körpers* aus.

Beispiel für eine Äußerung aus dem Erwachsenen-Ich:

„Weshalb hat es beim Auftrag für die Firma XYZ Schwierigkeiten gegeben?"

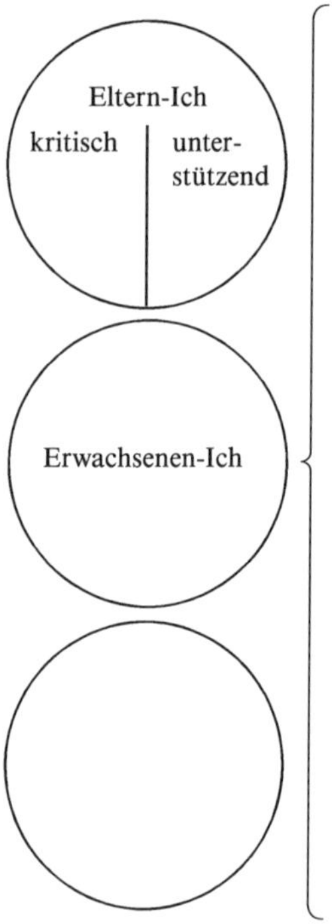

Entstehung: Beim Heranwachsen zunehmend rationale Auseinandersetzung mit der Realität und Ziehen von überprüften Konsequenzen aus gemachten Erfahrungen

Verhaltenstendenz: überlegt

Verhaltensweisen:

- **sammelt und gibt Informationen**
  - hört zu
  - beobachtet
  - stellt sachliche Fragen
  - sammelt Fakten
  - konzentriert sich auf das, was tatsächlich ist
  - formuliert wertfrei
- **schätzt Wahrscheinlichkeiten ein**
  - überlegt
  - wägt ab
  - denkt in Alternativen
  - überprüft eigene Normen u. Gefühle
  - differenziert
- **trifft Entscheidugnen**
  - versucht, Probleme konstruktiv zu lösen

Abb. 18: Kennzeichen des Erwachsenen-Ich (Quelle: *Rüttinger*, 1992)

Kind-Ich

Im *Kind-Ich* finden sich unsere Wünsche, Bedürfnisse und Gefühle, die u. a. durch sehr frühe Kindheitserfahrungen geprägt sind. Es äußert sich i. d. R. in *Verhaltensweisen, die bei Kindern beobachtbar* sind, beispielsweise in *Trotz, Einengung* und *Angst*, aber auch in *Spontaneität, Begeisterung* und *Kreativität*.

Kinder reagieren bekanntermaßen natürlich, angepaßt oder intuitiv. Daher unterscheidet man in der Transaktionsanalyse drei Ausdrucksformen:

- das *natürliche Kind-Ich* mit seinen Gefühlen, Affekten und Impulsen, die sich unzensiert und unkontrolliert äußern;
- das *angepaßte Kind-Ich*, das versucht, sich möglichst unauffällig zu verhalten und das zu tun, was andere wünschen. Dieser Bereich des Kind-Ich ist eher passiv.

– Der *kleine Professor* bezeichnet den Anteil des Kind-Ich, der mit *Pfiffigkeit* umschrieben werden kann. Dieser Teil ist für das schlagartige, intuitive Begreifen verantwortlich. Hierin sind auch Verhaltensweisen von Kindern begründet, die durch viel Kreativität ihre Eltern manipulieren.

Nichtsprachlich ist das Kind-Ich gleichfalls zu erkennen, etwa das angepaßte Kind, das sich durch einen *gesenkten Kopf, eine leise* oder *stockende Stimme* verrät (vgl. Abbildung 19).

Entstehung: Bereits beim Kleinstkind die Entwicklung gefühlsmäßiger Reaktionen auf äußere Ereignisse

Verhaltenstendenz: impulsiv/gedrückt/intuitiv

Verhaltensweisen:

- **natürliches Kind-Ich:**
  - spontan und impulsiv
  - direkt
  - sucht Abwechslung und Spaß
  - egozentrisch
  - rebellisch
  - aggressiv
  - authentisch
- **angepaßtes Kind-Ich:**
  - hilflos
  - tut sich leid
  - wartet, bis es von allein besser wird
  - orientiert sich an Normen
  - verzichtet
  - traut sich nicht
  - hat Angst
  - gibt nach
  - lächelt devot oder unsicher
- **kleiner Professor:**
  - intuitiv, schlau, listig
  - manipuliert
  - kreativ, läßt sich was einfallen

Abb. 19: Kennzeichen des Kind-Ich (Quelle: *Rüttinger*, 1992)

Beispiel für eine Äußerung des Kind-Ich:

„Ich habe heute keine Lust, bis 17 Uhr zu arbeiten“.

Für das Mitarbeiter-Coaching durch den Vorgesetzten ergeben sich Konsequenzen der Art, daß es für ihn sehr wichtig ist zu wissen, in welchem Ich-Zustand er und sein Mitarbeiter sich im Coaching-Gespräch befinden bzw. welchem Grundprogramm das Verhalten entstammt.

Interpretationen der Selbsttests von Führungskräften (*Rüttinger*, 1992) zeigen, daß für das Mitarbeiter-Coaching durch den Vorgesetzten neben dem *Erwachsenen-Ich* vor allem das *unterstützende Eltern-Ich* und das *natürliche Kind-Ich* wesentlich und damit entwicklungsbedürftig sind. Energien im natürlichen Kind-Ich erleichtern es, eine Beziehung zum Mitarbeiter aufzubauen. Eine *Stärkung des unterstützenden Eltern-Ich* erleichtert es dem Coach, Rollen des Helfers und Förderers einzunehmen. Ein stark ausgeprägtes Erwachsenen-Ich hilft ihm, gemeinsam mit dem Mitarbeiter Probleme zu lösen und Entscheidungen zu treffen.

4.5.2 Gesprächsfall-Studie

Beim vorliegenden Text handelt es sich um ein fiktives Coaching-Gespräch mit einem schwierigen Mitarbeiter. Lesen Sie den Text bitte durch und beantworten Sie folgende Fragen:

- Aus welchem Ich-Zustand heraus argumentiert der Mitarbeiter?
- Welcher Ich-Zustand soll eigentlich angesprochen werden?
- Welcher Ich-Zustand wird möglicherweise im Mitarbeiter angesprochen? Welche Gefühle?
- Welches Verhältnis ergibt sich zwischen den Gesprächspartnern?
- Formulieren Sie zu den unproduktiven Passagen eine bessere Version.

Ein neuer Mitarbeiter beschwert sich im Coaching-Gespräch darüber, daß sich bestimmte Erwartungen, die bei der Einstellung in ihm geweckt wurden, nicht erfüllt werden.

Mitarbeiter: „Ich muß schon sagen, das ist ja eine feine Firma, in die ich da gekommen bin! Wissen Sie eigentlich, daß sich bis jetzt von dem, was Sie mir versprochen haben, nichts, nicht einmal ansatzweise, verwirklicht hat?“

Vorgesetzter: „Ich verstehe nicht ganz, was Sie konkret meinen“.

Mitarbeiter: „Mir scheint, Sie wissen nicht so recht, was in Ihrer Abteilung vorgeht. Das pfeifen ja schon die Spatzen vom Dach.“

Vorgesetzter: „Ich habe den Eindruck, Sie sprechen in Rätseln, können Sie sich nicht deutlicher ausdrücken?“

Mitarbeiter: „Ok, wenn Sie das wünschen! Ich bin nun seit einem halben Jahr in der Firma und habe immer noch keine klare Funktionsbeschreibung. Permanent gerate ich mit Kollegen in Kompetenzgerangel."

Vorgesetzter: „Was meinen Sie damit...?"

Mitarbeiter: „Ich meine, Sie sollten endlich für Klarheit bei den Kollegen über meine Aufgabe und Verantwortung sorgen, sonst war ich die längste Zeit hier!"

Vorgesetzter: „Ich würde mich an Ihrer Stelle ja genauso aufregen, aber ich glaube, so kommen wir nicht weiter. Ich möchte Ihnen wirklich gerne helfen!"

Mitarbeiter: „Wenn ich an Ihrer Stelle wäre, ich hätte von Anfang an für Klarheit in der Abteilung gesorgt. So was darf doch nicht passieren! Oder soll ich mich hier aufreiben?"

Vorgesetzter: „Natürlich nicht. Aber Sie wissen doch, was ich Ihnen bei der Einstellung gesagt habe. Wir befinden uns in einer Phase der Umstrukturierung, und alle Bereiche werden neu gegliedert. Da macht es wenig Sinn, wenn wir Ihnen eine Funktionsbeschreibung erstellen, die in kurzer Zeit wieder hinfällig ist. Ich bitte Sie, sich einfach noch ein wenig zu gedulden."

Mitarbeiter: „Und bis wann? Ich glaube, Sie wollen mich nur vertrösten. Wenn sich bis in zwei Monaten nichts tut, bin ich hier weg!"

5. Die sechs Phasen des Mitarbeiter-Coaching

Das Mitarbeiter-Coaching durch den Vorgesetzten läuft in der Regel in verschiedenen *Phasen* ab. Jede dieser Phasen ermöglicht es den Beteiligten, sich jeweils neu zu entscheiden, wie sie sich künftig verhalten und zusammenarbeiten wollen bzw. das weitere Vorgehen gestalten möchten. Veränderungen im Coaching-Prozeß können durch *artikulierte Wünsche, Bedürfnisse oder Schwierigkeiten des Mitarbeiters* in Gang kommen. Sie können aber auch durch den Vorgesetzten initiiert werden, der vielleicht neue Erkenntnisse bezüglich eines suboptimalen Verhalten seines Mitarbeiters hat.

Die Erfahrung zeigt, daß folgende Phasen besonders wichtig sind:

1. Einstieg in das Mitarbeiter-Coaching
2. Festlegung der Basis der Coaching-Beziehung
3. Problemdefinition
4. Zielsetzung und Vorgehenspläne
5. Praktische Umsetzung und Erfolgskontrolle
6. Kontinuität und Festlegung neuer Problem- bzw. Veränderungsfelder

Welche Aufgaben kommen in diesen sechs Phasen auf den Coach zu?

Der folgende Überblick soll helfen, die Phasen inhaltlich besser zu verstehen.

Phase I: Einstieg in das Mitarbeiter-Coaching

Grundsätzlich gibt es drei Wege, wie der Vorgesetzte in einen Coaching-Prozeß mit einem Mitarbeiter eintritt.

a) Die *Organisationskultur* sieht grundsätzlich vor, daß neue Mitarbeiter von Anfang an für eine bestimmte Zeit in eine Coaching-Beziehung zu ihrem Vorgesetzten treten, um personenbezogene Orientierungsprobleme zu minimieren.
b) Der Vorgesetzte nimmt *suboptimales Arbeitsverhalten* beim Mitarbeiter wahr oder möchte *bestimmte Idealvorstellungen* bezüglich des Mitarbeiterverhaltens verwirklichen. Letzteres etwa dann, wenn es im Sinne der Fürsorge darum geht, Schaden vom Mitarbeiter abzuwenden.
c) Mitarbeiter-Coaching durchzuführen ist häufig ein *Anliegen des Vorgesetzten*, kommt aber auch auf *Wunsch des Mitarbeiters* zustande, z. B. aufgrund eines starken Leidens- oder Problemdruckes.

Phase II: Festlegung der Basis der Coaching-Beziehung

In dieser Phase kommt es auf die *Klärung der Zielsetzung* für das Mitarbeiter-Coaching durch den Vorgesetzten an. Die Frage steht im Mittelpunkt, *was* gemeinsam erreicht werden soll bzw. *welche Ziele erstrebenswert* sind. Dies kann eine rasche Einarbeitung sein, die möglichst wenig Frustrationen für einen neuen Mitarbeiter und den Chef mitbringen soll. Oder beispielsweise die Verbesserung des Planungs- und Organisationsverhaltens des Mitarbeiters. Es versteht sich von selbst, daß dies nur sehr grobe Ziele sind, die zu Beginn eines Mitarbeiter-Coachings zwischen Coach und Coachee vereinbart werden. Hieraus ergeben sich im Laufe des Coachings i. d. R. konkretere und sehr gut operationalisierbare Ziele, etwa beim zuletzt geschilderten Fall des Planungs- und Organisationsverhaltens. Hierbei könnte es darum gehen, mangelnde Termintreue des Mitarbeiters abzubauen.

Mit dem Klären des Ziels von Coaching sollten sich Vorgesetzter und Mitarbeiter darüber verständigen, wieviel *Zeit und Energie* in das Coaching von beiden Seiten investiert werden soll bzw. welche Verpflichtungen damit verbunden sind. Darüber hinaus ist es für den Mitarbeiter wichtig zu erfahren, welcher Unterstützung er sich bei der Umsetzung von Handlungen oder Verhaltensweisen, die mit dem Vorgesetzten vereinbart wurden, sicher sein kann. Schließlich sollten beide definieren, *wann* die Coaching-Beziehung als beendet zu betrachten ist, also welche Kriterien ausschlaggebend dafür sind, daß von „Zielerreichung" gesprochen werden kann. Die praktische Erfahrung zeigt, daß es sinnvoll ist, Zeitpunkte festzulegen, zu denen der Coach und sein Coachee gemeinsam prüfen, ob der Coaching-Prozeß fortgesetzt oder beendet werden soll.

Übung

Ziele setzen. Herr Neumann ist Leiter des Marktbereichs 1 einer Bank und Vorgesetzter von 25 Mitarbeitern in drei Filialen. Sie sind sein Vorgesetzter und Ihnen ist bekannt, daß er Schwierigkeiten hat, sich bei seinen Mitarbeitern durchzusetzen. Herr Neumann ist rücksichtsvoll, gemäßigt und praktiziert keinen aggressiv-forschen Führungsstil, sondern kooperiert gerne mit seinen Untergebenen.

Formulieren Sie Ziele für das Coachen von Herrn Neumann, die nach Ihrer Meinung wichtig wären:

1. ....
2. ....
3. ....

Denken Sie daran, daß Sie über die Ursachen für das suboptimale Führungsverhalten von Herrn Neumann noch keine ausreichenden Informationen haben. Vielleicht haben Sie Hypothesen darüber entworfen, Genaueres werden Sie jedoch erst in intensiven Gesprächen mit ihm erfahren. Kontrollieren Sie daher die formulierten Ziele daraufhin, wie allgemein oder konkret diese sind. Je allgemeiner Sie zu Beginn des Coaching-Prozesses sind, desto größer ist die Wahrscheinlichkeit, sich gemeinsam der eigentlichen Ursache zu nähern.

Phase III: Problemdefinition (Diagnose)

Hatten die beiden zuvor beschrieben Phasen eher vorbereitenden Charakter, beginnt mit ihrem Abschluß der eigentliche Diagnose- und Problemlösungsprozeß.

1. Schritt: Problemdefinition. Probleme sind Abweichungen des Ist- vom Sollzustand, d.h. Wunsch und Wirklichkeit stehen nicht in Einklang. Um *aktuelle Probleme* handelt es sich, wenn Abweichungen momentan vorliegen. Von *potentiellen Problemen* wird gesprochen, wenn noch keine oder erst wenige Signale vorhanden sind, die darauf hinweisen, daß eine Diskrepanz zwischen Ist und Soll auftreten könnte. Der Coaching-Prozeß durch den Vorgesetzten, etwa bei neuen Mitarbeitern, möchte die Gefahr eines Auseinanderdriftens von Wunsch und Wirklichkeit von vornherein minimieren (Prävention).

Ein aktuelles Problem bedarf immer einer Intervention. Bevor ein Coach und sein Coachee jedoch wissen, welche Handlungen und Verhaltensweisen sinnvoll sind, um die Kluft zwischen Ist und Soll zum Schwinden zu bringen, sind zahllose Fragen zu beantworten.

Die wichtigste ist, zu klären, *was* Mitarbeiter und Vorgesetzter eigentlich *wollen.* Für den Vorgesetzten hat dies besondere Bedeutung, da seine Entscheidungen über Ziele (Ideal des Mitarbeiterverhaltens) und die nachfolgenden, zielgerichteten Handlungen auf das *Arbeitsumfeld* des Mitarbeiters und evtl. auf seinen *privaten Bereich* Auswirkungen haben. Für die entstehenden Folgen ist er daher mitverantwortlich (moralische und ethische Komponente des Coaching-Prozesses).

In dieser Phase fragt die Führungskraft als Coach vor allem, um *Daten zur Problemdefinition* zu erheben. Dazu beleuchtet er verschiedene Aspekte. Der Mitarbeiter kann in dieser Phase wichtige Dinge aus seiner subjektiven Sicht schildern. Durch geschicktes Fragen und eine offene Kommunikation können Coach und Coachee zu einer *gemeinsamen Problemdefinition* kommen, die auch ein beiderseitig akzeptiertes Idealverhalten oder einen Idealzustand beinhaltet, an der die Diskrepanzen zur Realität festgemacht werden (z. B. Tempo der Einarbeitung, Verhalten gegenüber Kunden, Umsatzzahlen, gesundheitswidriges Verhalten usw.).

Phase IV: Zielsetzung und Vorgehenspläne (Intervention)

In einer Coaching-Beziehung zwischen Vorgesetztem und Mitarbeiter sind zwei Arten von Zielsetzungen zu unterscheiden, die *Prozeß*- und die *Ergebnisziele:*

1. *Prozeßziele*. Sie dienen dem *Aufbau einer hilfreichen Beziehung*, also beispielsweise der Herstellung einer angstfreien Atmosphäre oder dem Entwickeln von Vertrauen und offener Kommunikation. Diese Ziele betreffen das Miteinanderumgehen von Coach und Coachee und können durchaus am Anfang stehen, da die Führungskraft nicht von vornherein mit Kooperation rechnen kann.
2. *Ergebnisziele*. Im Gegensatz zu den Prozeßzielen beziehen sich Ergebnisziele auf die *beabsichtigten Veränderungen*, die durch das Mitarbeiter-Coaching erreicht werden sollen (Verhalten, Inhalte, Handlungen usw.)

Besteht eine vertrauensvolle Coaching-Beziehung, und ist das Problem definiert, so sollten Mitarbeiter und Vorgesetzter gemeinsam Ergebnisziele formulieren, die geeignet sind, Verhalten oder Situationen auf den Idealzustand hin zu verändern. Sinnvollerweise gehen beide Schritt für Schritt vor und formulieren zunächst Teilziele.

Wichtig ist:

> Ergebnisziele sind um so nützlicher, je verhaltens- und beobachtungsnäher sie formuliert werden.

Zielerreichungen sind dadurch leichter zu kontrollieren und motivieren stärker. Darüber hinaus erleichtern sie die Verständigung zwischen Coach und Coachee.

Gut formulierte Ergebnisziele *beschreiben* das zu ändernde *Verhalten* (z. B. das Verhalten des Mitarbeiters beim Verkaufsgespräch), die *Bedingungen*, unter denen sich die Veränderungen ereignen sollen (z. B. das Führen von Gesprächen mit Einkäufern von Großkunden auf Messen) sowie das *Ausmaß* der Veränderungen (z. B. nicht mehr als soundsoviel Prozent Preisnachlaß).

Zielesetzen beim Mitarbeiter-Coaching bedeutet jedoch nicht, daß der Vorgesetzte den Mitarbeiter anhört und Ziele vorgibt. Dadurch wäre eine Coaching-Beziehung zwischen Vorgesetztem und Mitarbeiter zum Scheitern verurteilt.

Sind die Ziele (Unter-, Teil- oder Zwischenziele) gemeinsam formuliert, gilt es, das weitere Vorgehen zu planen. Dazu sind *Handlungsfelder* zu bestimmen, *Alternativen* zu berücksichtigen und die möglichen *Konsequenzen* der beabsichtigten Veränderungen in Betracht zu ziehen. Auch die Frage ist wichtig, wer im Betrieb Veränderungen im Sinne der Zielsetzung unterstützen könnte bzw. welche *Ressourcen wie* und *wo* beschafft werden können. Hierbei kann für den Vorgesetzten die Kenntnis möglicher betrieblicher Widerstände bzw. mobilisierbarer Ressourcen von Vorteil sein.

Nützlich ist es, wenn der Coach seinen Coachee davon überzeugen kann, daß die *schriftliche Fixierung* der Vorgehenspläne, ähnlich einem Kurzprotokoll bei Besprechungen, die Umsetzung erleichtert. Letztendlich ist ein schriftliches Festhalten für die Erfolgskontrolle wesentlich.

Phase V: Praktische Umsetzung und Erfolgskontrolle

In dieser Phase ist der Schwerpunkt der Aufgabe des Coachs vor allem darin zu sehen, zu prüfen, welche *Fertigkeiten für die Umsetzung* der vereinbarten Ziele beim Mitarbeiter vorhanden sind und welche noch entwickelt werden müssen. Die erfolgreich coachende Führungskraft wird daher mit den für eine Umsetzung relevanten Personen bzw. Stellen zusammenarbeiten und sie gegebenenfalls koordinieren (z. B. Zusammenarbeit mit der Personalabteilung oder dem Personalentwickler).

Phase VI: Kontinuität (Prävention) und Festlegung neuer Problem- bzw. Veränderungsfelder

Für den Vorgesetzten als Coach und seinen Coachee ist es wichtig, die *Kontinuität* der Veränderung zu sichern, um potentielle Probleme zu minimieren. Daher ist es notwendig, Pläne für ein Nachfassen festzulegen. Bewährt hat sich in der Praxis, einen *Maßstab für die Bewertung* der Entfernung des Ist-Zustandes vom vereinbarten Soll-Verhalten festzulegen. Dieser gilt unter gegebenen realen, vom Mitarbeiter nicht änderbaren Rahmenbedingungen. Denkbar ist, das Mitarbeiterverhalten mittels einer Bewertungsskala, die von 5, für Idealverhalten praktisch realisiert, bis 1, für weit entfernt vom Ideal, zu bewerten.

Bei der Einschätzung des Entwicklungsfortschrittes mittels einer *Bewertungsskala* sollte der Vorgesetzte berücksichtigen, daß das Urteil des Mitarbeiters gleichberechtigt neben seiner Bewertung steht. Die jeweiligen Urteile werden von beiden Seiten inhaltlich begründet. Auf jeden Fall sollte die Führungskraft als Coach nur die Abweichungen des Verhaltens vom vereinbarten Ideal bewerten und sich mit Kritik an der Person des Mitarbeiters zurückhalten.

Der Vorgesetzte hat hierbei den bereits beschriebenen Vorteil gegenüber einem externen Coach, ständig das Mitarbeiterverhalten beobachten zu können und somit rechtzeitig zu erkennen, wo Unterstützung notwendig ist, um das ungewohnte Handlungsmuster, die neue Rolle oder allgemein verhaltensbeeinflussende Faktoren aufrecht zu erhalten. Ergeben sich Abweichungen des realen Mitarbeiterverhalten vom Ideal, ist zur Sicherung der Kontinuität im Veränderungsprozeß darüber zu sprechen, wie diese ausgeglichen werden können. Verhalten des Coachees, das von beiden als nunmehr „ideal" interpretiert wird, kann als optimiert angesehen werden.

Unter Umständen sind nun von beiden weitere Problem- oder Veränderungsfelder ins Auge zu fassen. Sind Coach und Coachee jedoch der Überzeugung, daß durch das Mitarbeiter-Coaching das Verhalten des Mitarbeiters insgesamt verbessert wurde, werden weitere Sitzungen überflüssig. Der erhöhte „Reifegrad" des Mitarbeiters erlaubt es nun der Führungskraft, sich verstärkt auf das *Delegieren* zurückzuziehen und nur noch *punktuell* zu coachen. Dies gilt sowohl für die Aufgabe als auch für das unterstützende Verhalten.

6. Wann ist welcher Coaching-Stil angebracht?

Die Frage, welcher Coaching-Stil der richtige ist, wird sich vermutlich jeder Vorgesetzte stellen, wenn er die nicht leichte Aufgabe übernimmt, Mitarbeiter-Coaching durchzuführen.

> Je besser eine Führungskraft die Person kennt, die er helfend berät, desto problemloser wird er die Art und Weise des Umgangs mit ihr wählen können.

Vorgesetzte, die ihre Mitarbeiter coachen, kennen meist deren „Reifegrad". *Hersey* u. *Blanchard* (1977) verstehen darunter den *aufgabenbezogenen* und den *sozialen Reifegrad* des Mitarbeiters. Der „Reifegrad" stellt einen *Situationsparameter* in ihrem Führungsmodell dar, der sich aus den beiden Führungsverhaltensdimensionen *„Mitarbeiterorientierung"* und *„Aufgabenorientierung"* zusammensetzt. Dieses Modell soll hier zur Orientierung bei der Wahl des Coaching-Stils dienen. *Hersey* und *Blanchard* beurteilen den Reifegrad eines Mitarbeiters anhand von dessen „Fähigkeit" und „Engagement".

- Unter *Fähigkeit* verstehen *Hersey* und *Blanchard* berufliche Fertigkeiten, Wissen und Erfahrung des einzelnen oder des Teams.
- *Engagement* ist das Vertrauen der Mitarbeiter oder des Teams in die eigenen Fähigkeiten sowie die gezeigte Verantwortung bei der Erledigung der Arbeit.

Mit „Reife" ist also das Zusammenspiel von *Motivation, Verantwortungsbereitschaft und Erfahrung* in bezug auf die zu bewältigende Arbeit gemeint. Für ein effektives Mitarbeiter-Coaching durch den Vorgesetzten bedeutet dies, daß er seinen Coaching-Stil nach dem Reifegrad des Coachees wählen sollte. Er muß also den Mitarbeiter dort „abholen, wo er gerade steht".

In der Konsequenz heißt dies, daß Mitarbeiter unterschiedlichen Reifegrades auch unterschiedlich gecoacht werden müssen. Der Reifegrad eines Mitarbeiters kann von einem Vorgesetzten natürlich schneller und besser beurteilt werden, als dies durch einen externen Coach geschehen könnte (Abbildung 20).

		Fähigkeit hoch	Fähigkeit niedrig
Engagement	hoch	Reifegrad 4	Reifegrad 2
Engagement	niedrig	Reifegrad 3	Reifegrad 1

Abb. 20: Reifegrad als Ergebnis der Kombination von Fähigkeit und Engagement

Was beinhalten die unterschiedlichen Reifegrade?

R 1 = Der Mitarbeiter ist fachlich und motivationsmäßig noch nicht zur Erfüllung der Aufgabe in der Lage.

R 2 = Der Mitarbeiter ist sehr leistungsbereit und motiviert, aber fachlich nicht ausreichend kompetent.

R 3 = Der Mitarbeiter ist zwar fachlich fähig, seine Aufgabe zu bewältigen, fühlt sich aber noch sehr unsicher bis unwillig.

R 4 = Der Mitarbeiter ist fähig und bereit, die vorgegebene Aufgabe zu bewältigen.

Folgende Fragen muß sich eine Führungskraft in der Rolle eines Coachs daher in bezug auf die beiden Reifegrad-Facetten stellen:

Fragen bezüglich der Aufgabenbewältigung

- Wie sieht es mit der Problemlösefähigkeit des Mitarbeiters aus?
- Wie groß ist der Unterschied zwischen dem Anforderungsideal der Position und den vorhandenen Fähigkeiten und Fertigkeiten?
- Wie definiert der Mitarbeiter seine Rolle?
- Kann der Mitarbeiter selbständig arbeiten?
- Setzt er sich in einer Führungsposition sozialverträglich durch?
- Wie sieht es mit seiner Entscheidungsfähigkeit aus?

  usw.

Fragen zum Engagement

- Wie sieht es mit der Bereitschaft aus, sich mit Neuem auseinanderzusetzen?
- Wie stark ist die Leistungsbereitschaft des Mitarbeiters ausgeprägt?
- Wie sieht das Verhältnis von Belastbarkeit und Beanspruchung aus?

– Welche Motive spornen den Mitarbeiter an?
– Wie sieht es mit seiner Verantwortlichkeit aus?
usw.

6.1 Die vier Coaching-Stile

Aus der Kombination von „Fähigkeit“ und „Engagement“ ergibt sich folgendes Vier-Felder-Schema. Den einzelnen Feldern kann der jeweils sinnvolle Coaching-Stil für den Vorgesetzten zugeordnet werden (Abbildung 21).

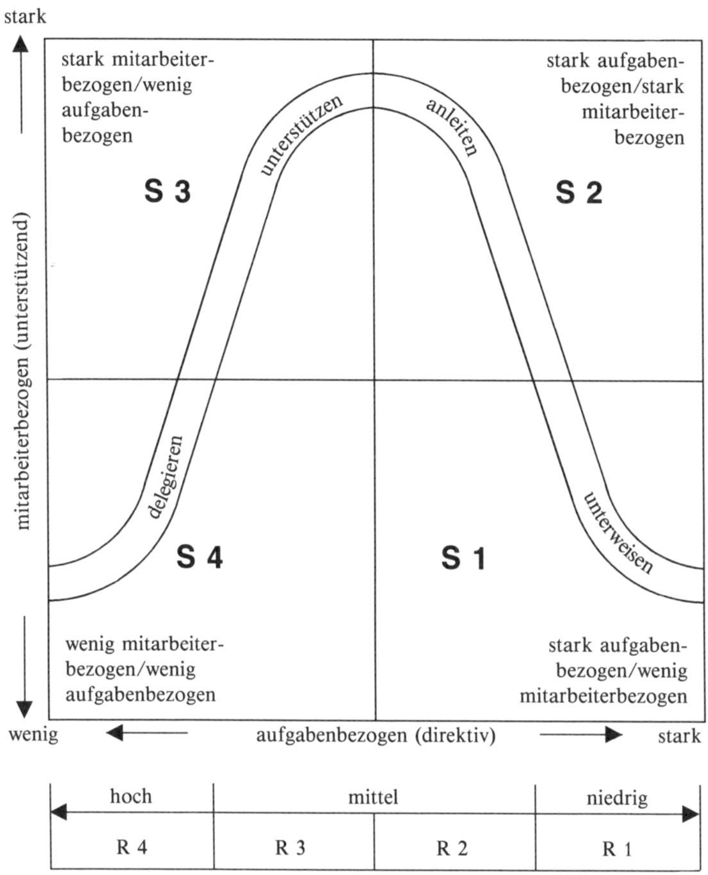

Abb. 21: Coaching-Stil und Reifegrad des Mitarbeiters

6.1.1 Unterweisen

Dieses Vorgehen beim Mitarbeiter-Coaching ist durch eindeutige Anweisungen an den Coachee gekennzeichnet. Der „Reifegrad“ des Mitarbeiters oder eines ganzen Teams ist in diesem Fall sehr gering, d. h. es herrscht wenig *Wissen, Engagement und Selbstvertrauen* bezüglich der zu bewältigenden Aufgabe vor. Die Führungskraft richtet daher ihr Coaching sehr stark an der Aufgabe des Mitarbeiters aus. Die Beziehung steht bei diesem Coaching-Stil *nicht* im Vordergrund.

Beispiele:

1. Der Geschäftsführer einer mittelständischen Baufirma unterweist seinen neuen technischen Bauleiter im Umgang mit den Anträgen an die Baubehörden.
2. Der Leiter einer neu zusammengestellten Projektgruppe weist die Mitglieder der Gruppe in die Problemstellung ein.

6.1.2 Anleiten

Der Vorgesetzte als Coach sollte sein Team oder den einzelnen Mitarbeiter anleiten, wenn die *Fähigkeiten noch gering ausgeprägt*, die *Leistungsbereitschaft*, bezogen auf die Aufgabe, jedoch *hoch* ist. Im Unterschied zum zuvor beschriebenen Vorgehen leitet und überwacht der Vorgesetzte die Aufgabenbewältigung des Mitarbeiters oder der Gruppe noch stark. Allerdings sollte aufgrund des starken Mitarbeiterengagements der Coach anstehende Entscheidungen besprechen bzw. Vorschläge machen. Bereits erkennbare Fortschritte sollten verstärkt werden, um das starke Engagement zu erhalten.

Beispiele:

1. Der Mitarbeiter einer Bank, gelernter Bankkaufmann, der über viele Jahre als Autoverkäufer tätig war, ist seit einigen Wochen wieder in seinem angestammten Beruf in der Abteilung Revision tätig. Während der Zeit, die er „aus dem Geschäft war“, hat sich vieles im Bankenbereich getan. Sein Abteilungsleiter hat ihn mit Unterlagen zur verwendeten Software versorgt. Der hochmotivierte Mitarbeiter hat auch bereits vieles am Computer ausprobiert. Der Vorgesetzte weiß jedoch um die Probleme der Softwarenutzung und geht daher mit dem Mitarbeiter die Einzelschritte des Programms durch, um ihm auch die Möglichkeit zu geben, Fragen zu stellen.

2. In einer Abteilung, deren Mitarbeiter eine hohe Leistungsbereitschaft zeigen, sollen zusätzliche Aufgaben übernommen werden. Das Team hat sich zur neuen Thematik bereits kundig gemacht, ist sich in Fragen der praktischen Umsetzung jedoch noch unsicher. Der Vorgesetzte gibt der Gruppe zusätzliche Informationen und Tips, wie die neuen Aufgaben praktisch zu bewältigen sind.

6.1.3 Unterstützen

Wenn die Führungskraft bei der Beobachtung des Arbeitsverhaltens seiner Mitarbeiter feststellt, daß das Team oder der einzelne zwar über ein *hohes Maß an Fähigkeiten und Fertigkeiten* zur Aufgabenbewältigung verfügen, das *Engagement* für einen bestimmten Auftrag jedoch *gering* ist, so ist unterstützendes Verhalten notwendig. Unterstützen bedeutet, den Mitarbeitern bei Entscheidungen Hilfestellung zu geben, sie zu ermutigen und zu fördern. Diese Art des Coaching ist besonders wichtig, wenn es darum geht, Schwierigkeiten der Gruppe oder einzelner Mitarbeiter, die sich auf die

Tätigkeit auswirken, sinnvoll zu bewältigen, seien sie arbeitsbedingt oder aus dem Privatbereich stammend. Dieses Vorgehen ist aus Sicht der Personalpflege besonders wichtig.

Beispiele:

1. Mitarbeiter XY, ein hochqualifizierter Fachmann, zeigt in letzter Zeit ein starkes Vermeidungsverhalten, wenn es um die Umsetzung vereinbarter Ziele geht. Im Coaching-Gespräch stellt der Vorgesetzte fest, daß Herr XY massive Eheprobleme hat. XY öffnet sich im Gespräch und sieht als letzte Möglichkeit, seine Ehe zu retten, eine Eheberatung. Der Vorgesetzte ermutigt den Mitarbeiter, diesen Schritt zu unternehmen, und sichert ihm Unterstützung in Form zeitlicher Freistellungen zu.
2. Die Abteilung Marketing einer Bank soll zum ersten Mal eine Kundenveranstaltung durchführen, bei der ehemalige Bundespolitiker auftreten sollen. Alle Mitarbeiter sind zwar „ausgebuffte Profis", aber wenig motiviert, da sie nur geringe Chancen sehen, einen bekannten Bonner Politiker in ihre Veranstaltung zu bekommen. Der Abteilungsleiter, ehemaliger Stadtrat einer auch im Bundestag vertretenen Partei, ermutigt sein Team, die Sache zunächst selbst zu versuchen. Gleichzeitig bietet er seine Unterstützung bei offenen Fragen bzw. bei der Entscheidungsfindung an. Darüber hinaus können die Mitarbeiter seine politischen Erfahrungen für das Projekt „anzapfen".

6.1.4 Delegieren

Diese Coaching-Art zeichnet sich dadurch aus, daß der Vorgesetzte seinen Mitarbeitern die Verantwortung für die zu lösenden Probleme und Entscheidungen überträgt. Dieser Stil ist angebracht, wenn der einzelne Mitarbeiter oder das Team *sehr hohe Fähigkeiten* besitzen und bezüglich der Aufgabenstellung ein *sehr starkes Engagement* zeigen.

Beispiele:

1. Der Leiter des technischen Kundendienstes weiß von Mitarbeiter Z, daß dieser ein exzellenter Techniker ist und zur Zufriedenheit der Kunden arbeitet. Daher macht er kaum Vorgaben und läßt Z seine Arbeit tun.

2. Der Abteilungsleiter „Kundenberatung“ einer Bank, der für die kontinuierliche Besetzung der Kassen verantwortlich ist, ist von der fachlichen Kompetenz und dem Engagement seiner Mitarbeiter überzeugt. Er überträgt ihnen daher die Verantwortung für die Besetzung der Kassen. D. h. die Mitarbeiter regeln den Kassendienst in eigener Regie, müssen aber gewährleisten, daß in den „Kernzeiten“ auch Kassierer zu Verfügung stehen.

Die zuletzt beschriebene Form des Coaching, die zu einem *selbstregulativen Verhalten* des oder der Mitarbeiter führt, kann als idealtypisch angesehen werden. Sie führt zu hoher *Arbeitszufriedenheit* bei den Mitarbeitern und befreit die Führungskraft von Routinearbeiten.

Grundlage der hier beschriebenen Coaching-Stile ist selbstverständlich das *Menschenbild*, das der Vorgesetzte von seinen Mitarbeitern hat. Es spiegelt sich in seinen *Gesprächs- und Werthaltungen* wider. Obwohl die dargestellten Coaching-Stile den situativen Aspekt betonen (Reifegrad und Engagement), bleibt die Persönlichkeit des Vorgesetzten mit allen Stärken und Schwächen wichtigstes Coaching-Instrument. Kurz: jede Führungskraft, die als Coach aktiv werden möchte, muß zuallererst bei sich selbst beginnen, muß zunächst lernen, sich selbst zu coachen, ehe sie sich anschickt, andere zu coachen. Andernfalls „coacht der Blinde den Lahmen“. Mitarbeiter-Coaching bedeutet damit, sich selbst und andere richtig zu organisieren.

6.1.5 Hilfsmittel zur Umsetzung

Wie bereits erwähnt, hängt die *Dauer* des Coaching-Prozesses vom Reife- und Entwicklungsstand des Mitarbeiters ab. Anforderungsprofil, Idealvorstellungen vom Verhalten des Positionsinhabers, vorliegende Probleme oder Leidensdruck des Coachees sind auch Basis für die Erfolgskontrolle und die Beendigung des Mitarbeiter-Coaching.

Ausgangspunkt für das Coachen von Mitarbeitern und die Wahl des Coaching-Stils sollte eine klare *Vereinbarung* zwischen Führungskraft und Mitarbeiter sein. Liegt diese nicht vor, kann es zum Scheitern des Coaching kommen, da möglicherweise unterschiedliche Ansichten über den Inhalt und die Vorgehensweise bestehen. Vor einem *Coaching-Kontrakt* sollte sich der Vorgesetzte daher selbst darüber im klaren sein, welche Ziele er hat. Hilfreich kann ein *Anforderungsprofil* der Stelle des Mitarbeiters sein. Dabei kann es sich um eine bereits vorhandene Stellenbeschreibung oder ein vom Vorgesetzten neu definiertes Anforderungsprofil handeln. Mit der Orientierung des Coachs an einem Profil stehen somit die Anforderungen des Arbeitsplatzes im Vordergrund. Mit einem Sollprofil muß sich der Vorgesetzte aber auch die Frage nach den jeweils erwünschten Ausprägungen der Anforderungen stellen. Bei den Gewichtungen der Einzelanforderungen des Profils ist es sinnvoll, daß die Führungskraft sich am Ideal der Position und nicht an den realen Leistungen anderer Mitarbeiter auf ähnlichen Arbeitsplätzen orientiert. Ein Anforderungsprofil, wie es vom Autor auch für die Durchführung von Assessment-Centern benutzt wird, kann dazu als Vorlage dienen (Abbildung 22).

Zur Erstellung der Potentialanforderungen ist es notwendig, sich folgende Fragen zu stellen:

1. Über welche *Kenntnisse* muß der Mitarbeiter verfügen, um seine Arbeit erfolgreich ausführen zu können?
2. Welche *Fähigkeiten und Fertigkeiten* sind notwendig, um der Tätigkeit gerecht zu werden?
3. Welcher Grad an *Engagement und Initiative* ist in dieser Position notwendig?

All die Anforderungen aus diesen drei Bereichen, die zum Anforderungsprofil führen, sind in einem zweiten Schritt zu *operationalisieren*, das bedeutet, sie sind so zu definieren, daß sie in Handlungen überführbar sind und damit *beobachtbar* werden. Damit ist dem Vorgesetzten die Möglichkeit gegeben, von Zeit zu Zeit seine Beobachtungen zu bewerten und in einer Ist-Kurve dem Soll-Profil gegenüberzustellen. Die Differenz zwischen beiden zeigt den *Entwicklungsbedarf* an.

Im Coaching-Gespräch bietet sich auch die Einstufung durch den Mitarbeiter an, wenn dieser beispielsweise der Meinung ist, sich optimal zu verhalten bzw. zu arbeiten. Je größer die *Diskrepanz* zwischen den Einstufungen der Führungskraft und denen des Mitarbeiters in den Hauptkategorien, desto notwendiger ist das Mitarbeiter-Coaching. Dennoch mag die Bereitschaft zum Coaching beim Mitarbeiter gering bleiben, weil er die Einschätzungen des Vorgesetzten nicht teilt. Dann ist es notwendig, daß der Vorgesetzte mit dem Mitarbeiter über eine gemeinsame *Anforderungsanalyse* einen Konsens herbeiführt. Dazu kann der Vorgesetzte als Coach die Frage an den Mitarbeiter richten, wie er die Tätigkeit aus seiner Sicht idealerweise beschreiben würde.

Das Aufarbeiten der Diskrepanzen zwischen Ist-Zustand und Ideal geschieht dann im Coaching-Gespräch. Dieses kann, wie bereits erwähnt wurde, auch *persönliche Ziele, Karriere-* oder sogar die *Lebensplanung* beinhalten. Coaching-Aktivitäten, die der Kompensation dienen, sollten sinnvollerweise schriftlich fixiert werden, z. B. in einem *Entwicklungsplan.*

Beispiel für ein Anforderungsprofil:

Anforderungsprofil „Zweigstellenleiter" eines Bankinstitutes					
Potentialkategorien	**Soll-Profil**				
	1	2	3	4	5
Allgemeine Kompetenz					
– Belastbarkeit					
– Initiative/Engagement					
– Verantwortungsgefühl					
– „Umgangsformen/Freundlichkeit"					
– Kreativität					
– Selbstkontrolle					
Soziale Kompetenz					
– Verhandlungsgeschick/Überzeugung					
– Kontaktfähigkeit					
– Kooperations-/Kommunikationsfähigkeit					
– Entscheidungsfähigkeit					
– Informationsverhalten					
Intellektuelle Kompetenz					
– Fähigkeit zu Planung und Organisation					
– Fähigkeit zum komplexen Problemlösen					
– Denk-/Auffassungsfähigkeit					
Führungskompetenz					
– Analytik/Controlling/Diagnose					
– Fähigkeit zur Delegation					
Fachkompetenz					
–					
–					

5 = Ein unverzichtbares, sehr wichtiges Merkmal
4 = Ein wichtiges Merkmal
3 = Ein Merkmal, das noch beachtet werden muß
2 = Ein Merkmal, dem man weniger Beachtung schenken kann
1 = Ein Merkmal untergeordneter Bedeutung

Abb. 22: Anforderungsprofil „Zweigstellenleiter"

Das Formular für einen Entwicklungsplan (Abbildung 23) soll Anregungen für eigene Ideen liefern.

<table>
<tr><td colspan="4">Entwicklungsplan
für ....

für den Zeitraum vom .... bis ....</td></tr>
<tr><td colspan="2">Meine Stärken, die ich behalten und ausbauen möchte:
1.
2.
3.
4.
5.</td><td colspan="2">Meine Schwächen, die ich abbauen möchte:
1.
2.
3.
4.
5.</td></tr>
<tr><td colspan="2">Meine Pläne und Vorsätze dazu:</td><td colspan="2">Meine Pläne und Vorsätze dazu:</td></tr>
<tr><td>Daran werde ich arbeiten:</td><td>im Seminar</td><td>on the Job</td><td>Literatur</td></tr>
</table>

Abb. 23: Muster für einen Entwicklungsplan

7. Team-Coaching

Viele Vorgesetzte verwenden die Begriffe *Team* und *Teamarbeit* sehr häufig, ohne sich deren Bedeutung wirklich bewußt zu sein. Als Team werden i. d. R. Gruppen bezeichnet, die für eine bestimmte Zeit existieren und eine *Leistungs- und Aufgabenorientierung* aufweisen. Damit sind sowohl *feste Arbeitsgruppen* als auch *zeitlich begrenzte Projektgruppen* beschrieben. Hauptmerkmal des Teams ist die *gemeinsame Zielorientierung* und der *enge Kontakt*, den die Mitglieder untereinander haben.

Was macht ein Team aus? Zunächst ist Teamarbeit ein *Arbeitsstil.* Dieser ist gekennzeichnet durch die Bündelung oder Ergänzung *individueller Fähigkeiten* und *Fertigkeiten der Team-Mitglieder.* Ein erfolgreiches Team erarbeitet Leistungsresultate, die ein Mitglied u. U. alleine nie erzielen würde. Persönliche Stärken verschmelzen in der Gruppe in einem Synergieeffekt zu neuer Leistungsqualität. Dadurch reagieren Teams *flexibler* und lösen beispielsweise komplexe Probleme *kreativer.* Fortgeschrittene Teams können darüber hinaus Entscheidungen besser treffen als ein einzelnes Gruppenmitglied. Zudem wirkt sich die Arbeit im Team auf die Motivation des einzelnen zu Einsatz und Leistung aus.

7.1 Was bedeutet Team-Coaching?

Unter Team-Coaching sind alle Bemühungen eines Team- oder Projektleiters bzw. Vorgesetzten in einer Coaching-Funktion zu verstehen, neue Teams möglichst *schnell leistungsfähig* zu machen bzw. bestehende Teams in ihrem *Arbeitsverhalten* zu optimieren. Wie beim Coaching des einzelnen Mitarbeiters geht es also darum, *Mißverhältnisse* zwischen dem gewünschten Idealverhalten des Teams und dem tatsächlich konstatierten Zustand zu minimieren. Hierzu eignet sich erneut der Dreierschritt des *Diagnostizierens, Intervenierens und Prävenierens.*

Da Teams selbstverständlich auch an *Problemlösungen* arbeiten, sich *zielorientiert* verhalten und *Aufgaben* bewältigen möchten, sind Parallelen zum Coaching des einzelnen Mitarbeiters zwangsläufig gegeben. Obwohl im Einzel-Coaching die Optimierung individuellen Arbeitsverhaltens und damit *Lernprozesse des Individuums* im Mittelpunkt stehen, kann man davon ausgehen, daß auch Gruppen *„kollektiv lernen"* können. Suboptimales Gruppenverhalten kann somit durch Team-Coaching verändert werden. Team-Coaching beinhaltet daher die Aspekte des Beratens, Unterweisens, Anleitens, Unterstützens und Delegierens. Insofern ist das Team-Coaching durch den Vorgesetzten kein Standardverfahren, sondern immer ein maßgeschneiderter Prozeß.

Zusammenfassend kann Team-Coaching somit als eine *Organisationsentwicklungsmaßnahme* auf Gruppenebene verstanden werden, die zweierlei dient:

- eine Gruppe soll zu einem effektiven und effizienten Team werden und
- Probleme, die ein Team belasten können, sollen gemeinsam gelöst werden.

7.2 Wann arbeitet ein Team optimal?

Die Beantwortung dieser Frage ist einerseits vom *Ziel* des Teams abhängig und andererseits von Einflußfaktoren, die sich aus Ergebnissen der Kleingruppenforschung ergeben. So ist die *Leistung* eines Teams von dessen *Zusammenhalt* oder *Kohäsion* abhängig.

> Die Kohäsion einer Gruppe wird maßgeblich durch den *Führungsstil des Vorgesetzten*, das *„Wir-Gefühl" des Teams* und das *Klima in der Gruppe* bestimmt.

Diese drei Faktoren werden ihrerseits durch folgende Punkte beeinflußt:

- die richtige Gruppenzusammensetzung
- die Befriedigung von Erwartungen und Bedürfnissen der einzelnen Team-Mitglieder
- die Kommunikation im Team
- die Einstellungen zu den Kollegen und Kolleginnen
- die soziale Unterstützung im Team
- die Wettbewerbseinstellung gegenüber anderen Gruppen
- die Einstellung zum Vorgesetzten und zur Organisation.

Am Beginn eines Team-Coaching steht die genaue *Diagnose des Problems.* Erster Schritt ist die Analyse der Abweichungen des Ist- vom Idealzustand der Teamarbeit. Meist ist dieses Ideal in den Köpfen der Team-Mitglieder bzw. der Führungskraft recht unterschiedlich ausgeprägt. Daher muß es zunächst zu einem Konsens darüber kommen, wie das Ideal aussehen soll. Die Definition des Sollzustandes der Teamarbeit und die Maßnahmen zur Überwindung der Abweichungen sind sinnvollerweise im Kollektiv zu entwickeln. Hierzu bietet es sich an, daß das Team gemeinsam mit dem Vorgesetzten als Coach eine *Ziel-Weg-Analyse* entwickelt, die der Definition von Zielen und der Vorbereitung von Maßnahmen dient.

In Abbildung 24 ist ein Beispiel für dieses Vorgehen dargestellt.

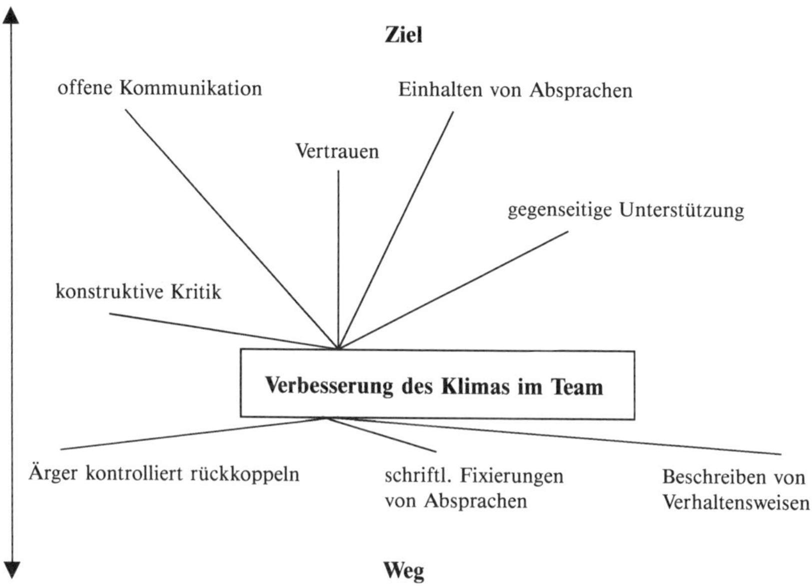

Abb. 24: Ziel-Weg-Analyse

Die Erstellung einer Ziel-Weg-Analyse erfolgt in folgenden Schritten:

1. Der Coach bittet die Team-Mitglieder, sich mit dem Beispiel einer Ziel-Weg-Analyse vertraut zu machen (Abbildung 24).
2. Er schreibt das Thema in das Problemfeld in der Mitte des Flipchart, der Tafel o. ä. Das Thema ergibt sich aus einer vom Coach moderierten *Diskussion* oder der Auswertung eines *Fragebogens* (siehe 7.4).
3. Anschließend überlegen sich die Team-Mitglieder gemeinsam die *Ziele* bzw. *Idealzustände*, die sie in diesem Problembereich erreichen möchten. Dazu stellt der Coach die „Wozu-Frage“. Die Antworten trägt er im oberen Bereich über dem Problemfeld ein.
4. Im Anschluß daran ist von allen die *Kompatibilität der Ziele* zu überprüfen und sind diejenigen herauszustreichen, die nicht systemverträglich oder notwendig sind.

5. Ist das obere Feld erstellt, werden die *Vernetzungen* eingetragen, d. h. Ziele, die miteinander in Verbindung stehen und sich gegenseitig beeinflussen. Die Beeinflussung kann auch zusätzlich mit einem Plus- (+) oder Minuszeichen (−) versehen werden, um die Richtung der Einflußnahme deutlich zu machen. Dies erleichtert dem Team die Konzeptionierung von Maßnahmen und das Abschätzen von deren Wirkung auf weitere Ziele.
6. Der nächste Schritt besteht für den Vorgesetzten darin, dem Team die „Wie-Frage“ zu stellen und im Anschluß die *Vorschläge für entsprechende Maßnahmen* im unteren Feld einzutragen. Sinnvollerweise werden die *Ideen sortiert* und nach *Prioritäten* geordnet.

Auch beim Mitarbeiter-Coaching in Form der Teamberatung durch den Vorgesetzten finden sich die eingangs erwähnten Elemente des Beratens, Trainierens, Unterstützens usw. Zwischen ihnen bestehen fließende Grenzen. So ist der beratende Aspekt stärker, wenn der Vorgesetzte *moderiert*, um dem Team zu helfen, Ist- und Idealzustand zu formulieren. Elemente des Trainierens finden sich dann, wenn *Verhaltensweisen* mit der Gruppe *eingeübt* werden.

Auch Team-Coaching findet immer auf den drei Ebenen der Fach-, Sozial- und Managementkompetenz sowie unter dem personalpflegerischen Aspekt statt. Inhaltlich werden dabei *individuelle* und *strukturell-organisatorische* Gegebenheiten berührt.

7.3 Anlässe für Team-Coaching

Welche Faktoren sind es, die ein optimales Arbeiten und damit die Zielerreichung behindern? Aufgrund der gemachten Erfahrungen mit Arbeitsgruppen können folgende acht Punkte als *Störfaktoren* bezeichnet werden:

1. Zwischenmenschliche Problematiken

Wie bereits im Zusammenhang mit dem TALK-Modell ausgeführt, geht es hier vor allem um die Vermengung von *Inhalts-, Kontakt- und Beziehungsaspekt*.

Beispiel:

„Da ich dich nicht leiden kann, interessiert es mich nicht, was du sagst.“

Gute Argumente und sachlich richtige Aussagen werden einfach überhört und ignoriert.

2. Streß und Konkurrenzdruck

„Streß macht dumm!" heißt es und meint damit, daß unsere *kreative Problemlösefähigkeit* unter Leistungs- oder Zeitdruck eingeschränkt ist. Alle Energien sind für das „Kämpfen oder Flüchten" bereitgestellt und stehen geistigen Prozessen nicht zur Verfügung. Die Folgen von Entscheidungen für andere oder zeitliche Perspektiven werden nicht berücksichtigt. *Proaktives*, also vorausschauendes Denken, findet nicht statt.

3. Mangelhafte Kommunikation und Kooperation

Untersuchungen zeigen immer wieder, daß *eloquente Schnellsprecher* in Gruppen beim Durchsetzen Vorteile haben. Weniger zungenfertige, zurückhaltende Menschen kommen dadurch nur selten zum Zuge. Infolgedessen werden gute Ideen nicht ausgesprochen und Diskussionen immer wieder von den gleichen Personen dominiert. Als Konsequenz daraus herrscht das „Chaos" bei Besprechungen im Team.

4. „Friedhöflichkeit“ oder das Fehlen von Konfliktbereitschaft

Die mangelnde Bereitschaft, gegensätzliche Standpunkte auszusprechen oder die Angst, jemandem „weh zu tun“, führen dazu, daß Konfliktpotentiale nicht als Chance genutzt werden. Vielmehr *lähmen* sie Entscheidungen des Teams und verhindern ein Weiterkommen der Gruppe.

5. Mangelnde Entscheidungsfähigkeit

Das Phänomen, Entscheidungen unter *Informationsüberflutung* oder *Unsicherheit* zu vermeiden, ist seit langem in der Psychologie bekannt. „Man sieht vor lauter Wald die Bäume nicht“, heißt es umgangssprachlich. Zuviel Information oder ein hoher Komplexitätsgrad lassen die Qualität von Entscheidungen in Gruppen sinken. Insgesamt verringert sich der Mut des Teams zu Entscheidungen.

6. Fehlendes „Wir-Gefühl“

Das Team hat sich nicht zu einer Gruppe zusammengefunden und eine *Identität* aufgebaut. U. U. befinden sich die Team-Mitglieder, z. B. bei einem Projekt, noch in der sogenannten „Orientierungsphase“ und suchen ihre Position bzw. Rolle. Verantwortung für die Gruppe, Initiative und Entscheidungsfreude sind in dieser ersten Phase des Zusammenwachsens einer Arbeitsgruppe noch wenig ausgeprägt. Andererseits kann ein bereits seit längerer Zeit bestehendes Team durch eine starke Fluktuation von Mitgliedern kein ausreichendes „Wir-Gefühl“ ausbilden.

7. Unzureichendes Methodenwissen

Häufig geraten Teams in Schwierigkeiten, wenn ihnen *Methoden und Instrumente fehlen*, um Probleme und Aufgaben angemessen zu bewältigen. Denkblockaden und das Praktizieren traditioneller Lösungsansätze „ohne Blick über den Tellerrand“ bringen die Gruppe nicht weiter. Methoden wie das „Brainstorming“ oder „Brainwriting“ können dagegen Kreativitätspotentiale aktivieren.

8. Unklare Rollendefinitionen

Wenn Rollen, verstanden als die Gesamtheit der Erwartungen an eine Position, innerhalb eines Teams *nicht klar definiert* sind und *soziale Kompetenz, Beliebtheit* oder *gutes Aussehen* darüber entscheiden, wer sich durchsetzt bzw. wem Recht gegeben wird, ist dies ein steter Quell für Konflikte.

Auch bei der Beurteilung eines Teams durch den Vorgesetzten ist es hilfreich, den „Reifegrad“ der Arbeitsgruppe als Ganzes sowie der einzelnen Mitarbeiter heranzuziehen, um die Coaching-Strategie festzulegen. Nachfolgend soll dazu ein Fragebogen dargestellt werden, der den Vorgesetzten bei der Diagnose des Ist-Zustandes im Team unterstützen kann.

7.4 Fragebogen zur Team-Diagnose

Nachfolgend finden Sie einen Fragebogen mit 96 Aussagen. Legen Sie diesen Fragebogen den Mitgliedern des Teams vor, mit dem Sie eine Coaching-Beziehung eingehen möchten. Bitten Sie die Gruppenmitglieder, mit Blick auf ihre Situation die Aussagen genau durchzulesen und die zutreffenden im Auswerteraster anzukreuzen. Aussagen, die nicht relevant sind, werden im Raster einfach freigelassen. Weisen Sie bitte darauf hin, daß eine derartige Diagnose nur sinnvoll ist, wenn offen und ehrlich geantwortet wird.

Klären Sie als nächstes ab, ob eine anschließende Auswertung anonym oder offen geschehen soll. Wenn anonym, dann sollten die Team-Mitglieder ihren Fragebogen nicht mit ihrem richtigen Namen, sondern mit einem Codewort versehen. Je nachdem, was Sie vereinbart haben, kann nach der Einzelauswertung die Gesamtauswertung vonstatten gehen. Sie sammeln die anonymisierten Bogen ein oder lassen sich die Punktzahlen zu den einzelnen Bereichen nennen. Diese schreiben Sie auf ein vorbereitetes Flipchart-Papier. Anschließend bilden Sie die Mittelwerte und legen die Rangplätze fest. Die drei Bereiche mit den höchsten Punktzahlen sind die wichtigsten Problembereiche. Diese sollten die Ausgangsbasis für das Team-Coaching bilden.

Die Teammitglieder haben schließlich noch die Möglichkeit, die mittlere Punktzahl und Rangstufe des Teams in ihr Auswerteschema zu übertragen. Dadurch ergeben sich weitere Anknüpfungspunkte für das Coaching, weil dadurch abweichende Sichtweisen in die Diskussion eingebracht werden können.

Fragebogen zur Team-Diagnose

1. Der Vorgesetzte bzw. Teamleiter ist bez. der Sorgen und Nöte der Mitarbeiter unsensibel.
2. Obwohl man ihnen helfen will, können sich einige Kollegen und Kolleginnen nicht auf das Anforderungsniveau des Teams einstellen.
3. Mit Problemen müssen wir alle alleine zurechtkommen.
4. Im Team gibt es Cliquen und Intrigen.
5. Von dem, was wir bisher geleistet haben, kann nichts als hervorragend bezeichnet werden.
6. Die Ziele des Teams sind mit denen der Organisation nicht identisch.
7. An Beschlüsse, die wir gefaßt haben, halten wir uns selten bzw. setzen nur Teile davon um.
8. Über Fragen der Abgrenzung von Arbeitsbereichen, über Arbeitsmethoden oder Verbesserungsvorschläge sprechen wir so gut wie nie.
9. Wir könnten im Team viel besser miteinander auskommen, wenn wir uns „menschlicher" verhalten würden.
10. Mitglieder, die eingefahrene Verhaltensweisen des Teams, ungeschriebene Normen und Rituale kritisieren, werden schnell zurechtgewiesen.
11. Neue Ideen werden nur von wenigen geäußert.
12. Leute aus anderen Bereichen oder Abteilungen lernen wir so gut wie nicht kennen.
13. Unser Vorgesetzter bzw. Teamleiter führt nicht situationsangepaßt.
14. Manche neuen Teammitglieder haben oft nicht die richtige Qualifikation für ihre Tätigkeit.
15. Niemand setzt sich dafür ein, das Team erfolgreich zu machen.
16. Menschlich kommen wir uns im Team nicht näher.
17. Häufig schaffen wir es nicht, eine Arbeit zu einem erfolgreichen Abschluß zu bringen.
18. Im Team gibt es ein hohes Kreativitätspotential und eine Menge Sachkenntnis. Leider weiß unsere Organisation sie nicht zu nutzen.
19. Wir haben zwar Teambesprechungen, machen uns aber keine Gedanken über ihren Sinn und Zweck.
20. Das Leistungspotential des Teams wird nicht genutzt, und die Arbeitsweise der Gesamtgruppe ist unflexibel.
21. Bei mehr konstruktiver Kritik wären unsere Leistungen wesentlich besser.

22. Wenn sich jemand in unserem Team nicht sicher ist, wird er meist übergangen.
23. Unser Team ist phantasielos.
24. Unser Ansehen bei anderen Mitarbeitergruppen, Bereichen oder Abteilungen ist gering.
25. Unser Vorgesetzter bzw. Teamleiter trifft wichtige Entscheidungen, die uns betreffen, ohne diese mit uns zu besprechen.
26. Die Teammitglieder benötigen neue Kenntnisse und Methoden, um ihre Aufgaben richtig bewältigen zu können.
27. Die Arbeit im Team wirkt sich nicht motivierend auf mich aus.
28. In der Regel werden Unstimmigkeiten zwischen Kollegen im Team nicht ausreichend gelöst.
29. Es wird nie gefragt, ob sich die Anstrengung des Teams für die Gesamtorganisation gelohnt hat.
30. Wir haben bisher kein Verfahren gefunden, mit dem wir unsere Ziele und Strategien festlegen.
31. Bei Teamsitzungen bleiben viele der Probleme ungeklärt, mit denen wir uns beschäftigen sollten.
32. Dem Team fehlt es an administrativem und verwaltungstechnischem Rückhalt.
33. Uns fehlt die Fähigkeit zu konstruktiver Selbstkritik.
34. Die Gesamtgruppe versucht nicht, ihre Teammitglieder zu motivieren.
35. Vorschläge, die von außerhalb des Teams kommen, haben keine Chance auf Verwirklichung.
36. Würde die Zusammenarbeit mit anderen Gruppen besser funktionieren, könnte sich unser Leistungsniveau erhöhen.
37. Bei mehr Engagement und Initiative der einzelnen Kollegen und Kolleginnen wären die Teamentscheidungen besser.
38. Kollegen und Kolleginnen aus anderen Bereichen halten uns für überfordert.
39. Etliche Teammitglieder haben Probleme, sich mit ihrer Arbeitskraft voll einzusetzen.
40. Wir versuchen zu oft, zu einem Konsens zu kommen.
41. Viel Kraft des Teams verpufft durch wirkungslose Methoden.
42. Die Aufgaben unseres Teams sind innerhalb der Gesamtorganisation nicht klar festgelegt.
43. Strategien, die das Team zur Problemlösung einsetzt, werden nicht überprüft.
44. Die Kommunikation zwischen den Teammitgliedern ist verbesserungsbedürftig.

45. Kritik wird meist unsachlich geäußert.

46. Der Großteil der Teammitglieder sind ausschließlich Fachleute auf ihrem Gebiet.

47. Kreative Ideen werden nicht in konkrete Handlungen umgesetzt.

48. Bei besserer Zusammenarbeit mit anderen Teams hätten einige schwerwiegende Fehler vermieden werden können.

49. Unser Teamleiter bzw. Vorgesetzter erhält so gut wie keine Rückmeldung darüber, wie er und seine Arbeit vom Team eingeschätzt werden.

50. Insgesamt ist der Stand der fachlichen Fähigkeiten und Fertigkeiten als zu niedrig anzusehen.

51. Ich bin nicht bereit, Dinge, die zu Lasten des Teams gehen, auf meine Kappe zu nehmen.

52. Konflikten geht das Team aus dem Wege.

53. Den Teammitgliedern fehlen Motivationsanreize, um ihre Leistung voll einzubringen.

54. Unserer Arbeit im Team fehlen klare Richtlinien.

55. Auf Teambesprechungen bereiten wir uns so gut wie nicht vor und gehen meist ohne besondere Planungen vor.

56. Unser Zeitmanagement ist nicht optimal, so daß wir uns oft verzetteln.

57. Konstruktive Kritik wird im Team negativ bewertet.

58. Die Teammitglieder werden nicht ermutigt, sich außerhalb der Gruppe fortzubilden.

59. Unserem Team wird nachgesagt, daß es keine Ahnung hat.

60. Die Beziehungspflege zu anderen Teams kommt zu kurz.

61. Vorgesetzter und Mitarbeiter teilen sich nur selten ihre gegenseitigen Erwartungen und Wünsche mit.

62. Das in unserem Team vorhandene Know-how und Spezialwissen passen nicht zu unseren Aufgaben.

63. Besondere Gefühle der Solidarität zur Gruppe verspüre ich nicht.

64. Es wäre sinnvoll, wenn wir von Zeit zu Zeit über bestehende Unstimmigkeiten und Konflikte sprechen würden und so Spannungen minderten.

65. Wir akzeptieren in der praktischen Arbeit auch niedrige Leistungsstandards.

66. Wenn sich das Team auflöste, würde dies im Unternehmen nicht registriert werden.

67. In unseren Teambesprechungen findet sich kein methodisches Vorgehen.

68. Regelmäßige Gespräche über Ziele oder Prioritäten einzelner Teammitglieder finden nicht statt.
69. Unser Team lernt nicht aus gemachten Fehlern.
70. Das Wissen auf dem neuesten Stand zu halten, ist in unserem Team wenig ausgeprägt.
71. Die Teammitglieder bringen nicht den Mut auf, neue Ideen zu äußern.
72. Das Team geht zu wenig auf die Bedürfnisse anderer Arbeitsgruppen ein.
73. Der Teamleiter bzw. Vorgesetzte akzeptiert es nicht, daß Teammitglieder Führungsaufgaben übernehmen.
74. Einzelne Teammitglieder werden mit den laufenden Anforderungen ihrer Arbeit nicht mehr fertig.
75. Das Team ist nicht ernsthaft an der Zielerreichung interessiert.
76. Teammitglieder halten sich in Diskussionen mit ihrer wahren Meinung zurück.
77. Seine Ziele erreicht das Team, wenn man es objektiv betrachtet, selten.
78. Anderen Bereichen fehlt das Verständnis für unsere Arbeit.
79. In gemeinsamen Sitzungen hört keiner dem anderen richtig zu.
80. Über ihre Funktionen im Team herrscht bei den Mitarbeitern Unklarheit.
81. Teammitglieder halten sich häufig mit Kritik zurück, um laufende Aktivitäten wie Projekte, Aktionen usw. nicht zu gefährden.
82. Viele Fähigkeiten und Kenntnisse einzelner Teammitglieder werden nicht genutzt.
83. Neue Ideen werden vom Team kaum produziert.
84. Innerhalb der Gesamtorganisation hat unser Team keine positiven Beziehungen zu anderen Gruppen.
85. Einige Mitarbeiter sind sich über die Beziehung zum Vorgesetzten nicht im klaren.
86. Durch Personalentwicklungsmaßnahmen könnten die Mitarbeiter ihre fachlichen Qualifikationen verbessern.
87. Der Großteil der Mitglieder hält die Ziele des Teams für wenig erstrebenswert.
88. Die Kollegen und Kolleginnen aus dem Team verhalten sich nicht wirklich frei und offen zueinander.
89. Die Ziele des Teams sind nicht klar.
90. Welchen Stellenwert die Arbeit des Teams in der Gesamtorganisation hat, ist den Teammitgliedern nicht bewußt.
91. Bei Teambesprechungen erzielen wir selten Fortschritte.

92. Die Ziele der einzelnen Teammitglieder sind zu verschieden.

93. Teammitglieder, die kritisiert wurden, haben oft das Gefühl, das Gesicht zu verlieren.

94. Neue Mitarbeiter sind zu Beginn ihrer Tätigkeit sich selbst überlassen, wenn sie ihren Platz im Team suchen.

95. Unser Team begleitet der Ruf, realitätsfern zu agieren.

96. Unser Team hat häufig Konflikte mit anderen Teams aus der Organisation.

Antwortraster

- Im nachfolgenden Antwortraster finden Sie die 96 durchnumerierten Aussagen des Fragebogens.
- Trifft eine Aussage im allgemeinen auf Ihr Team zu, kreuzen Sie die entsprechende Nummer an.
- Fangen Sie links oben an.
- Beantworten Sie bitte alle Aussagen!

Wenn Sie alle Aussagen bewertet haben, zählen Sie bitte Zeile für Zeile die angekreuzten Nummern zusammen. Für jede angekreuzte Aussage erhalten Sie einen Punkt. Tragen Sie die Gesamtpunktzahl hinter den Buchstaben ein. Bilden Sie anschließend eine Rangreihe (verändertes Raster nach *D. Francis* u. *D. Young*).

Auswertung des Fragebogens

Numerierung der Aussagen	Eigene Punktzahl	Rangstufe	Mittlere Punktzahl der Gruppe	Rangstufe der Gruppe	Erfragter Bereich
1 13 25 37 49 61 73 83 = A					Unfähige Führung
2 14 26 38 50 62 74 86 = B					Mangelnde Befähigungen
3 15 27 39 51 63 75 87 = C					Unzureichender Einsatz
4 16 28 40 52 64 76 88 = D					Desolates Teamklima
5 17 29 41 53 65 77 89 = E					Geringe Leistungsstandards
6 18 30 42 54 66 78 90 = F					Ungeklärte Funktion des Teams in der Organisation
7 19 31 43 55 67 79 91 = G					Unwirksame Arbeitsmethoden
8 20 32 44 56 68 80 92 = H					Unzureichende Organisation
9 21 33 45 57 69 81 93 = I					Demotivierende Kritik
10 22 34 46 58 70 82 94 = J					Team behindert individuelle Weiterentwicklung
11 23 35 47 59 71 83 95 = K					Fehlende Kreativität
12 24 36 48 60 72 84 96 = L					Schlechte Beziehungen zu anderen Gruppen

7.5 Methoden zur Veränderung von Teams

7.5.1 Teambildungs-Workshop

Zielsetzung eines Teambildungs-Workshops ist es, ein neues Team zu bilden, Rollen im Team zu klären, Beziehungen aufzubauen und Arbeitsabläufe zu klären. Um Störungen vom Workshop fernzuhalten und eine entspannte Atmosphäre zu schaffen, ist es sinnvoll, die Veranstaltung außerhalb des Unternehmens, evtl. in einem Hotel, durchzuführen.

Vorgehen

Im ersten Schritt initiiert der Coach ein Kennenlernspiel. U. U. ist in Teams, deren Mitglieder sich das erste Mal begegnen, die Kennenlernphase durch weitere gruppendynamische Übungen auszudehnen. Anschließend bittet er die Anwesenden, einen großen Stuhlkreis zu bilden. Ist der künftige Teamverantwortliche der Coach selbst, setzt er sich in die Mitte dieses Kreises. Ist es eine andere Person, bittet er diese, sich in das Zentrum zu setzen. Der Coach informiert über die Notwendigkeit und die Bedingungen für die Bildung des neuen Teams (z. B. neue Teamorganisation, Aufgaben, Pflichten, Verantwortlichkeiten etc.). Darüber hinaus beschreibt er seine Aufgaben und die eigenen Vorstellungen davon.

Soll das Team vor allem *selbstregulativ* arbeiten, schildert die verantwortliche Führungskraft ihre Vorstellungen und Erwartungen an ein selbstregulativ arbeitendes Team. Die Mitarbeiter im Kreis beschreiben anschließend ihre Einfälle und Vorstellungen zu den Aufgaben des Teamverantwortlichen sowie zum Arbeiten in einem selbstregulativen Team. Der Teamleiter stellt dann dar, was er von den Teammitgliedern an Unterstützung, Zuarbeiten, Hilfestellung usw. benötigt, um die Position wirkungsvoll ausfüllen zu können. Auch gibt er Auskunft darüber, welche Überlegungen dazu von seiten der Unternehmensleitung existieren.

Das künftige Team seinerseits artikuliert den Grad an notwendiger Unterstützung, Hilfestellung, Information usw., um selbstregulativ arbeiten zu können (gegenüber der für sie verantwortlichen Person sowie der Geschäftsleitung). Häufig ist es sinnvoll, diese Stellungnahmen zunächst in Ruhe von den Mitarbeitern ausarbeiten zu lassen.

Den Abschluß der gesamten Veranstaltung bildet eine Vereinbarung darüber, wie die erfolgreiche Umsetzung der Ausarbeitungen, Regeln und Verpflichtungen sinnvoll überprüft werden kann und wann sich das Team zu einer gemeinsamen Bewertung der Praxis treffen wird.

Ein solcher Workshop kann bis zu zwei Tage in Anspruch nehmen. Der Coach nimmt seine Funktion vor allem dadurch wahr, daß er den Austausch von Ideen und Gedanken während der Übung moderiert und dafür verantwortlich ist, daß die erarbeiteten Aussagen gut sichtbar, z. B. auf Flip-Charts, gesammelt werden. Er sorgt auch für notwendige Schaubilder der neuen Organisation bzw. der Einbindung des neuen Teams in bestehende Strukturen sowie für erforderliche Stellen-, Aufgaben- und Anforderungsbeschreibungen. Er hilft bei der Rollenklärung und führt das Team zu konkreten Absprachen, die schriftlich fixiert werden, z. B.: „Wie wir künftig im Team miteinander kommunizieren und umgehen wollen!", oder: „Unsere Regeln für die Zusammenarbeit mit dem Teamleiter", usw.

7.5.2 Abgleich von Selbst- und Fremdbild

Durch die Gegenüberstellung von Fremd- und Selbsteinschätzung sollen die Wirkung auf andere erkannt und sogenannte „blinde Flecken" im Verhalten der Teammitglieder bewußt gemacht werden.

Im ersten Schritt gibt der Coach einige Informationen zum Thema „blinder Fleck" und „Feedback". Er weist darauf hin, wie bedeutsam eine bewußte Selbstreflexion für jeden einzelnen ist, da wir uns meist über andere Menschen und deren Verhalten Gedanken machen und weniger über uns selbst. Als nächstes teilt er das Arbeitsblatt „Selbst-Einschätzung" aus und geht die einzelnen Begriffe durch, um ein gemeinsames Verständnis für die darin aufgelisteten Eigenschaften zu erarbeiten. Wichtig ist, daß er zunächst nichts von der späteren Fremd-Einschätzung erwähnt, um die Selbstreflexion nicht zu beeinflussen (soziale Erwünschtheit) und daß der Fokus beim Einstufen auf dem Agieren im Team liegt. Anschließend bittet er alle, sich selbst auf der Skala von – 3 bis + 3 einzustufen. 0 steht für eine mittlere Ausprägung oder dafür, daß man sich selbst bei dieser Eigenschaft nicht einschätzen kann.

Nachdem alle mit ihrer Einstufung fertig sind, werden die Teilnehmer gebeten, die einzelnen Punkte oder Kreuze, die gemacht wurden, miteinander zu verbinden. Dadurch ergibt sich ein Profil. Liegen alle Profile vor, wendet sich der Coach an einzelne Teilnehmer und fragt diese, wen aus dem Team sie besonders gut kennen und ob diese Person auch eine gute Einschätzung von ihnen liefern kann. Auf diese Weise bildet er Paare, die sich nun mittels des Bogens „Fremd-Einschätzung" gegenseitig einstufen. Dabei wird wie bei der Selbsteinschätzung vorgegangen.

Sind alle mit ihrer Arbeit durch, tauschen die Personen, die sich gegenseitig eingestuft haben, die Bogen aus und beginnen mit der Auswertung. D. h. sie vergleichen Selbst- und Fremdeinstufung und markieren die Abweichungen, die zwei oder mehr Einstufungsgrade auseinanderliegen. Eine Abweichung von einem Punkt oder Grad wird noch als „Meßfehler“ angesehen.

Nach diesem Durchgang sind alle aufgerufen, jeweils *drei* der Abweichungen besonders zu kennzeichnen, von denen die Teammitglieder wissen wollen, wie diese Einstufungen zustande gekommen sind. Reihum geben sich nun die beiden Partner gegenseitig Rückmeldung über die Differenzen zwischen Selbst- und Fremdbild. Dabei gelten die Regeln:

- Verhalten oder Sachverhalte *beschreiben,* anstatt zu *bewerten*,
- auf *konkrete Vorfälle, Aufgaben oder Handlungsweisen* eingehen,
- *Gefühle* direkt formulieren.

Wichtig ist, daß nach jeder Rückmeldung zu einer Position der Einstufende Gelegenheit findet, sein Urteil zu begründen. Der Coach kann jeweils beim Gesamtteam nachfragen, ob andere Teammitglieder ihre Sichtweise ergänzend abgeben möchten. Die Übung ist beendet, wenn alle Teilnehmer ihre Rückmeldung erhalten haben.

Ist das Team zu groß, kann die Rückmeldung viel Zeit beanspruchen, und die Teilnehmer ermüden. Dann sollte in zwei Phasen vorgegangen werden, z. B. der erste Teil am Vormittag und der zweite Teil am Nachmittag. Das Feedback kann auch auf zwei relevante Abweichungen beschränkt werden, so daß Zeit gespart wird.

Selbst-Einschätzung nach Persönlichkeitskriterien

	schwach				stark		
	–	–	–1	0	+1	+2	+3
ehrgeizig							
selbstbewußt							
handlungsorientiert							
entschlossen							
temperamentvoll							
anpassungsfähig							
selbstbeherrscht							
zuverlässig							
aufgeschlossen							
schlagfertig							
schöpferisch							
zielstrebig							
fähig, andere zu begeistern							
verantwortungsbewußt							
sachlich-nüchtern							
psychisch belastbar							
geltungsbedürftig							
sensibel gegenüber anderen							
kontaktfreudig							
tolerant gegenüber anderen							
einfühlsam							
ausgeglichen							
entgegenkommend							
optimistisch							
sympathisch							
ungeduldig							
veränderungsbereit							
hilfsbereit							
fähig, andere zu beeinflussen							
dominant							
teamfähig							
kann Kritik annehmen							
selbstsicher							

Fremd-Einschätzung nach Persönlichkeitskriterien

	schwach				stark		
	–	–	–1	0	+1	+2	+3
ehrgeizig							
selbstbewußt							
handlungsorientiert							
entschlossen							
temperamentvoll							
anpassungsfähig							
selbstbeherrscht							
zuverlässig							
aufgeschlossen							
schlagfertig							
schöpferisch							
zielstrebig							
fähig, andere zu begeistern							
verantwortungsbewußt							
sachlich-nüchtern							
psychisch belastbar							
geltungsbedürftig							
sensibel gegenüber anderen							
kontaktfreudig							
tolerant gegenüber anderen							
einfühlsam							
ausgeglichen							
entgegenkommend							
optimistisch							
sympathisch							
ungeduldig							
veränderungsbereit							
hilfsbereit							
fähig, andere zu beeinflussen							
dominant							
teamfähig							
kann Kritik annehmen							
selbstsicher							

8. Weitere Coaching-Techniken

8.1 Verhaltensänderung und Lernen

In der Lernpsychologie werden unter *Lernen* die verschiedensten Prozesse der Verhaltensänderung aufgrund von Erfahrung verstanden. Im folgenden Kontext geht es um Verhaltensänderungen beim Mitarbeiter, die gemeinsam im Coaching-Gespräch vom Mitarbeiter und Vorgesetzten vereinbart werden. Es geht also nicht um *Manipulation gegen die Interessen des Mitarbeiters*, sondern darum, die *Ressourcen* des Coachee zu aktivieren, um Verhalten zu optimieren. Konkret bedeutet dies, daß die Führungskraft als Coach durch die bereits beschriebenen Techniken des Fragens, Gebens von Feedback usw. einen *Lern-* und damit *Veränderungsprozeß* in Gang setzt und helfend begleitet.

Wichtig ist dabei, daß der Vorgesetzte sich bewußt ist, daß individuelles Verhalten bestimmte *Motive* oder *Bedürfnisse* befriedigt. Da Menschen verschieden sind, ist ihre Bedürfnis- oder Motivpalette auch sehr unterschiedlich. Nur im Coaching-Gespräch können Motive des Mitarbeiters herausgearbeitet werden, die dessen Verhalten steuern.

Beispiel:

Gemeinsam konstatieren Coach und Coachee, daß der Mitarbeiter Defizite beim Planen und Organisieren seiner Arbeit hat. Der Mitarbeiter nimmt regelmäßig zu viel Arbeit an. Im Gespräch stellt sich heraus, daß er durch das Lob der Kollegen für sein Engagement Anerkennung erhält. Dadurch leidet aber seine Termintreue, was immer wieder zu Schwierigkeiten mit den Kunden führt. Auf Nachfragen des Vorgesetzten zeigt sich, daß dem Mitarbeiter viel an Lob und Anerkennung liegt.

Gemeinsam vereinbaren Vorgesetzter und Mitarbeiter das neue, wünschenswerte Verhalten. Demnach soll der Mitarbeiter künftig weniger Aufträge annehmen, diese dafür aber termintreu ausführen. Die Anerkennung, die ihm das „alte“ Verhalten brachte, will der Vorgesetzte künftig durch eine verstärkte Rückkoppelung der Wahrnehmung des neuen, positiven Verhaltens ersetzen.

Darüber hinaus entstammen der Lernpsychologie eine Reihe von Verhaltensänderungstechniken, die der Vorgesetzte in seiner Rolle als Coach bewußt einsetzen kann, um Lernprozesse beim Coachee zu bewirken. Dazu gehören viele Techniken, die der *Verhaltenstherapie* entstammen. Die wichtigsten sollen nachfolgend beschrieben werden:

1. Positive Verstärkung

Menschliches Verhalten, das *verstärkt* (belohnt) wird, tritt mit einer erhöhten Wahrscheinlichkeit wieder auf. Dies bedeutet, daß Verhaltensweisen des Mitarbeiters, die vom Vorgesetzten „belohnt" werden, z. B. durch Lob und Anerkennung, i. d. R. wieder gezeigt werden.

Beispiel:

Ein Mitarbeiter, der in einem Kundengespräch eine bestimmte Strategie einschlägt und damit erfolgreich einen Abschluß tätigt, wird dieses Verhalten wieder zeigen, wenn es durch den Vorgesetzten verstärkt wird. Diese Verstärkung kann sich z. B. in verbaler Anerkennung ausdrücken („Das war eine sehr gute Verhandlungsstrategie, gratuliere Ihnen zum Abschluß").

2. Negative Verstärkung

Hierunter versteht man den *Wegfall* einer *negativen Konsequenz* eines Verhaltens.

Beispiel:

Ein sehr kreativer Mitarbeiter hatte immer in den Abteilungsbesprechungen seinen Beitrag zu anstehenden Problemen eingebracht. Seine Lösungsvorschläge wurden auch meist für gut befunden. Der Vorgesetzte beauftragte diesen Mitarbeiter dann auch regelmäßig mit der Umsetzung seines eigenen Vorschlags. Für den Mitarbeiter bedeutete dies, daß er seine Idee zusätzlich zur eigentlichen Arbeit ausführen mußte. Da sein Verhalten keine positiven Konsequenzen zeitigte, steuerte der Mitarbeiter keine Beiträge mehr zur Lösung von Problemen bei.

Im Coaching-Gespräch wurde dem Vorgesetzten sein „bestrafendes" Verhalten bewußt, und gemeinsam vereinbarte man, daß Vorschläge des Mitarbeiters künftig nicht mehr von ihm selbst umgesetzt werden müssen. Eine *negative Konsequenz* des gezeigten Verhaltens entfiel, er wurde negativ verstärkt.

3. Refraiming

Mit dieser Technik wird die *Bedeutung* eines Sachverhaltes verändert, indem man ihn in einen anderen „Rahmen“ stellt.

Beispiel:

Ein Mitarbeiter soll im Zuge von Personalentwicklungsmaßnahmen an einem Assessment-Center zur Potentialanalyse teilnehmen. Als Beobachter fungieren auch Mitglieder der Geschäftsführung. Der Mitarbeiter befürchtet, seine Aufstiegschancen durch sein „Auftreten“ zu verschlechtern und sträubt sich gegen eine Teilnahme. Im Coaching-Gespräch gelingt es dem Vorgesetzten, das Assessment-Center in einen anderen Zusammenhang zu stellen. Er zeigt dem Mitarbeiter auf, daß eine derartige Potentialanalyse eine Chance sei, seine unbestrittenen Fähigkeiten Teilen der Geschäftsführung zu präsentieren, wozu ihm sonst keine Gelegenheit geboten würde.

4. Rollenspiele

Mitarbeiter, die sich in eine neue Berufsrolle finden müssen, tasten sich langsam voran, bis sie meinen, die Rollenerwartungen zu erfüllen. Stellen der Vorgesetzte und der Mitarbeiter im Coaching-Gespräch fest, daß Probleme beim Einnehmen von Rollen auftreten, können sie gemeinsam versuchen, *bestimmtes Verhalten* im Zusammenhang mit der Rolle *vorwegzunehmen*. Dadurch entsteht ein Lernprozeß, der dem Mitarbeiter Sicherheit für den „Ernstfall“ gibt.

Beispiel:

Der Mitarbeiter, seit kurzem mit Führungsverantwortung, berichtet dem Vorgesetzten beim Mitarbeiter-Coaching von seiner Unsicherheit, Kritikgespräche zu führen. Gemeinsam wird festgelegt, im Rollenspiel eine derartige Situation zu simulieren, per Videokamera aufzuzeichnen und nachzubesprechen.

5. Modellernen

Modellernen liegt dann vor, wenn ein Mensch sich aufgrund von *Beobachtungen des Verhaltens anderer* und der daraus folgenden Konsequenzen neue Verhaltensweisen aneignet oder bestehende Verhaltensweisen in Richtung des Modells verändert.

Beispiel:

Coach und Coachee vereinbaren, Kundengespräche in der nächsten Zeit gemeinsam durchzuführen, so daß der Mitarbeiter im Vorgesetzten ein Modell für die Verhandlungsführung hat.

8.2 Aufgaben und Übungen für das Einzel-Coaching

8.2.1 Veränderung von Glaubenssätzen

Das Coachen von Mitarbeitern bedeutet immer, Einfluß auf das Denken, Verhalten und die Einstellung des Mitarbeiters zu nehmen. Häufig sind einer Beeinflussung jedoch Grenzen gesetzt, wenn Werte und Glaubenssätze von Mitarbeitern einer Verhaltensänderung entgegenstehen. Deshalb müssen sich Führungskräfte, die eine Coaching-Beziehung mit einzelnen Mitarbeitern eingehen möchten, mit deren Wertesystemen und Glaubenssätzen befassen. Weshalb ist dies so wichtig?

Unser tägliches Verhalten wird von *Werten* und *Glaubenssätzen* beeinflußt. Werte sind dabei die Basis für unsere Glaubenssätze, welche wiederum unser Handeln in Arbeit und Freizeit steuern. Werte können als grundlegende verhaltenssteuernde Überzeugungen und Einstellungen zum Leben, Denken und Handeln sowie zur Arbeit verstanden werden. Sie beantworten uns die Fragen, was uns im Leben wichtig ist, wofür es sich lohnt, sich einzusetzen, wie wir unsere Arbeit sehen oder Beziehungen gestalten. Beispiele für Werte sind: Lebensfreude, Liebe, Freundschaft, ein erfülltes Familienleben, Gesundheit, Harmonie, Erfolg, materielle Sicherheit, Vertrauen, Offenheit usw. Um in einem Bild zu sprechen, sind die Werte die Wurzeln einer Pflanze, die unsichtbar im Boden stecken und die Pflanze mit Nährstoffen versorgen. Die Pflanze selbst sind unsere Glaubenssätze, und die Blüten sind unser Verhalten.

Unter Glaubenssätzen werden allgemeine Aussagen über die eigene Person, Beziehungen, Lebenspartner, Arbeit usw. verstanden. Es sind somit Überzeugungen, an die ein Mensch persönlich glaubt. Sie haben einen nachhaltigen Einfluß auf unser Leben. Ihre Inhalte beeinflussen unsere Wahrnehmung, unser Denken, unser Handeln, unsere Fähigkeiten und Fertigkeiten sowie unsere Gefühle. Stimmen Glaubenssätze und das, was ein Mensch im Leben anstrebt, miteinander überein, ist er erfolgreich und zufrieden. Solch ein Glaubenssatz wird *förderlich* oder *motivierend* genannt. Hindern uns unsere Überzeugungen an einer sinnvollen Zielverwirklichung, spricht man von *hemmenden* Glaubenssätzen. Diese beginnen meist mit: *„Das liegt mir nicht“, „Das kann ich nicht ...“, „Das habe ich noch nie gemacht ...“* usw.

Für einen Coach ist es ratsam und wichtig, gemeinsam mit dem Coachee die hinderlichen Glaubenssätze zu erörtern. Verhaltens- und Einstellungsänderungen sind über diesen Weg möglich, indem hemmende Glaubenssätze durch förderliche ersetzt werden. Nachfolgend wird ein solches Vorgehen zur Veränderung von Glaubenssätzen geschildert. Zu Beginn dieses Prozesses sollten sich Coach und Coachee nochmals die wichtigsten Informationen zum Thema vergegenwärtigen, weshalb sie anschließend kurz zusammengefaßt werden.

Informationen über Werte und Glaubenssätze

Werte

Werte sind Konzeptionen des Wünschenswerten, also Ihre grundlegenden Überzeugungen und Einstellungen zum Leben, Arbeiten, Denken und Handeln. Es sind die Antworten auf die Fragen: „Was ist mir im Leben besonders wichtig?“ oder „Was ist mir als Führungskraft wichtig?“. Antworten können sein: Harmonie, Lebensfreude, Familie, Gesundheit, Erfolg, Vertrauen usw.

Glaubenssätze

Wenn wir an etwas glauben, halten wir es für wahr. Glaubenssätze sind daher allgemeine Aussagen, z. B. über Ihre eigene Person, Ihre Kunden („Der Kunde ist König!"), Ihre Beziehungen, Ihre Arbeit usw. Es sind Aussagen, an die Sie persönlich glauben. Die Inhalte dieser Glaubenssätze beeinflussen Ihre Wahrnehmung, Ihr Denken, Ihr Verhalten, Ihre Fähigkeiten und Empfindungen. Wir verfügen über hemmende und motivierende Glaubenssätze.

Beispiel für einen förderlichen Glaubenssatz

1. Wert:
„Soziale Anerkennung und gesellschaftlicher Status sind wichtig!"

2. Glaubenssatz (entstanden durch Erziehung):
„Nur durch eine gute, gesellschaftlich hoch angesehene Ausbildung kann ich dies erreichen."

3. Verhalten:
Studium der Medizin mit Promotion und Niederlassung als frei praktizierender Arzt.

4. Folge: Erfolgskreislauf
Der Glaubenssatz oder die Einstellung setzt Potentiale und Energien frei („Das schaffe ich problemlos!"). Die freigesetzte Handlung oder Verhaltensweise führt zu einem positiven Resultat (Ausbildung erfolgreich bestanden), welches wiederum den Glauben an sich selbst stärkt („Ich habe mit Prüfungen kein Problem!").

Beispiel für einen hemmenden Glaubenssatz

1. Wert:
„Erfolg ist wichtig im Leben!"

2. Glaubenssatz (entstanden durch Erfahrung):
„Ich bin ein Versager, unbegabt, zu nichts fähig und falle durch jede Prüfung!"

3. Verhalten:
Meiden jeder Gelegenheit zum Erfolg, zur Ausbildung und zum Fortkommen.

4. Folge: Kreislauf des Mißerfolges
Der Glaubenssatz „Ich bin ein Versager!" führt zu mangelnder Vorbereitung auf eine Prüfung (Ressourcen, Potentiale und Energien werden nur unzureichend freigesetzt). Die erste Prüfungsfrage wird unglücklich gestellt und kann nicht korrekt beantwortet werden (Gedanke: „Ich habe es

ja gewußt, ich schaff' das nicht!"). Eine Blockade tritt auf, keine klaren Gedanken sind mehr möglich. Das Ergebnis, die Prüfung nicht bestanden zu haben, führt zu einer Stärkung des hemmenden Glaubenssatzes.

Beispiel für eine Veränderung eines hemmenden Glaubenssatzes

1. Glaubenssatz:
„Ich bin ein Versager, unbegabt, zu nichts fähig und falle durch jede Prüfung!"

2. Neuer Glaubenssatz:
„Ich kann lernen, meine Begabungen, Fähigkeiten und Erfolge zu erkennen und mich an ihnen zu freuen."

3. Verhalten:
Zunehmende Erfolge und eine differenzierte Sicht der eigenen Fähigkeiten, dadurch Freisetzung von Ressourcen (Stärken).

4. Folge:
Bereitschaft, kleinere Herausforderungen anzunehmen um so einen Erfolgskreislauf in Gang zu setzen.

Analyse von Glaubenssätzen

1. Schritt

Der Coach bittet den Coachee, ca. 20 Minuten über seine *Glaubenssätze* nachzudenken, die sein Leben und seine Arbeit beeinflussen. Hierzu soll der Mitarbeiter mindestens sechs verschiedene Glaubenssätze aufschreiben, die bisher sein Verhalten und seine Handlungsweisen bestimmt haben. Dazu soll der Mitarbeiter auch überlegen, welche Werte diesen Überzeugungen zugrunde liegen. Anschließend bittet der Coach seinen Coachee, die notierten Glaubenssätze daraufhin zu überprüfen, ob sie sich *hemmend oder fördernd* auf sein Verhalten auswirken. Bei hinderlichen Überzeugungen prüfen beide gemeinsam, ob dieser Glaubenssatz evtl. erweitert oder durch einen förderlichen ausgewechselt werden kann.

2. Schritt

Anschließend bittet der Coach den Mitarbeiter, mindestens sechs *positive Glaubenssätze* aufzuschreiben, die ihn künftig dabei unterstützen können, seine wichtigsten Lebensziele, persönliche und berufliche, zu erreichen. Dazu soll der Coachee alle Sätze mit „Ich" beginnen und sie positiv formulieren, z. B. „Ich will lernen, künftig gelassener zu sein".

Der Coach bittet schließlich den Mitarbeiter, sich diese neu formulierten Überzeugungen in Form eines Merkzettels, z. B. im Terminkalender oder auf Kärtchen, täglich zu vergegenwärtigen, damit diese neuen Glaubenssätze sein Denken künftig positiv beeinflussen. Denkbar ist auch, die neuen Glaubenssätze über eine *Selbstverpflichtung*, wie sie nachfolgend zu finden ist, stärker zu verinnerlichen.

Selbstverpflichtung

1. In folgenden Situationen möchte ich mit meinen neuen Glaubenssätzen ein neues Verhalten ausprobieren:

Neuer Glaubenssatz: ....

....

....

Situation: ....

....

....

Neuer Glaubenssatz: ....

....

....

Situation: ....

....

....

Neuer Glaubenssatz: ....

....

....

Situation: ....

....

....

Neuer Glaubenssatz: ....

....

....

Situation: ....

....

....

2. Welche meiner Stärken kann ich in diesen Situationen einsetzen, um erfolgreich zu sein?

. . . .

. . . .

. . . .

3. Welche in der Vergangenheit gemeisterten Situationen können hilfreich sein für mein neues Verhalten?

. . . .

. . . .

. . . .

4. Was will ich ganz konkret ändern?

. . . .

. . . .

. . . .

5. Was will ich in Zukunft nicht mehr machen?

. . . .

. . . .

. . . .

6. Woran merken die anderen, daß ich mich verändert habe?

. . . .

. . . .

. . . .

7. Wie werde ich mich möglicherweise selbst überlisten, um den Vertrag nicht erfüllen zu müssen?

. . . .

. . . .

. . . .

8. Wann werde ich überprüfen, ob ich meine Glaubenssätze lebe?

. . . .

. . . .

. . . .

Datum: . . . .

(Unterschrift)

8.2.2 Verbesserung der Kunden- und Serviceorientierung

Der Kunde ist bei weitem der wichtigste Faktor für den Erfolg eines Unternehmens. Die Kundenbetreuung ist eine fundamentale strategische Voraussetzung dafür, denn auf seiten der Kunden wachsen die Erwartungen an den Service und an die Kundenorientierung der Mitarbeiter. Damit ist das Thema „Kundenpflege" oder „Beziehungsmanagement" angesprochen. Es beinhaltet die Schaffung von *humanem Mehrwert* durch Mitarbeiter, indem diese die Kundenbindung intensivieren und somit die Kundentreue stärken.

Unter dem Aspekt einer Neuorientierung von Mitarbeitern in Richtung Kundenwünsche und -erwartungen beinhaltet dies u. U. Änderungen von Einstellungen, Denkweisen und Verhalten. Über das Mitarbeiter-Coaching können diese Veränderungsprozesse in Gang gesetzt werden. Vor allem das Mittel der Selbstreflexion der eigenen Service- und Kundenorientierung kann im Coaching zu einer Einstellungsänderung führen. Nachfolgend wird daher ein *Selbst-Test* zur Kundenorientierung beschrieben, der dem Mitarbeiter als Hilfe an die Hand gegeben wird und dessen Resultat in einen gemeinsam erarbeiteten *Maßnahmenplan zur Verbesserung der Kunden- und Serviceorientierung* fließen sollte.

Test zur eigenen Kunden- und Serviceorientierung

1. Wenn das Telefon klingelt, gehe ich sofort dran.	stimmt □ □ □ □ □ stimmt nicht 1 2 3 4 5
2. Meine Kollegen erhalten wichtige Informationen sofort.	stimmt □ □ □ □ □ stimmt nicht 1 2 3 4 5
3. Wenn ich weniger zu tun habe als meine Kollegen, unterstütze ich sie, bis alles erledigt ist.	stimmt □ □ □ □ □ stimmt nicht 1 2 3 4 5
4. Gegenüber internen und externen Kunden bin ich termintreu.	stimmt □ □ □ □ □ stimmt nicht 1 2 3 4 5
5. Personen, die mir ein Anliegen vortragen, höre ich aufmerksam zu.	stimmt □ □ □ □ □ stimmt nicht 1 2 3 4 5
6. Zu Terminen mit Kunden, seien sie intern oder extern, komme ich immer pünktlich.	stimmt □ □ □ □ □ stimmt nicht 1 2 3 4 5

7.	Kritik von Kunden, Kollegen und Vorgesetzten ist mir willkommen, da ich daraus lernen kann, noch kundenorientierter zu werden.	stimmt □ □ □ □ □ stimmt nicht 1 2 3 4 5
8.	Wenn Kollegen sich besonders kundenorientiert verhalten haben, melde ich ihnen dies anerkennend zurück.	stimmt □ □ □ □ □ stimmt nicht 1 2 3 4 5
9.	Mit meinen Kollegen arbeite ich sehr gut zusammen.	stimmt □ □ □ □ □ stimmt nicht 1 2 3 4 5
10.	Ich bin zuverlässig.	stimmt □ □ □ □ □ stimmt nicht 1 2 3 4 5
11.	Ich arbeite sorgfältig und genau.	stimmt □ □ □ □ □ stimmt nicht 1 2 3 4 5
12.	Probleme, die ich bei der Arbeit bekomme, schiebe ich nicht auf andere ab, sondern kläre ich selbst.	stimmt □ □ □ □ □ stimmt nicht 1 2 3 4 5
13.	Für externe und interne Kunden bin ich gut erreichbar.	stimmt □ □ □ □ □ stimmt nicht 1 2 3 4 5
14.	Ich vermeide destruktive Kritik an Kollegen und versuche, unterstützendes Feedback zu geben.	stimmt □ □ □ □ □ stimmt nicht 1 2 3 4 5
15.	Auf Wünsche von internen und externen Kunden reagiere ich schnell und flexibel.	stimmt □ □ □ □ □ stimmt nicht 1 2 3 4 5
16.	Bei Schwierigkeiten spreche ich immer zuerst direkt mit den Betroffenen.	stimmt □ □ □ □ □ stimmt nicht 1 2 3 4 5
17.	Kollegen und externe Kunden informiere ich aus eigenem Antrieb über wichtige Sachverhalte.	stimmt □ □ □ □ □ stimmt nicht 1 2 3 4 5
18.	Auf Besprechungen bereite ich mich intensiv vor.	stimmt □ □ □ □ □ stimmt nicht 1 2 3 4 5
19.	Gespräche führe ich sehr strukturiert in einem ausreichenden Zeitrahmen.	stimmt □ □ □ □ □ stimmt nicht 1 2 3 4 5
20.	Mein Zeitmanagement ist sehr gut.	stimmt □ □ □ □ □ stimmt nicht 1 2 3 4 5

Auswertung: Zählen Sie bitte Ihre Punktzahl zusammen. Diese Summe ist Ihr Testwert!

20 bis 40 Punkte: Sie verfügen über eine sehr gute Kunden- und Serviceorientierung.

41 bis 50 Punkte: Sie besitzen eine gut ausgeprägte Kunden- und Serviceorientierung.

51 bis 60 Punkte: Ihre Kunden- und Serviceorientierung ist ausbaufähig.

61 bis 80 Punkte: Sie sollten unbedingt mit Ihrem Coach an Ihrer Kunden- und Serviceorientierung arbeiten.

81 bis 100 Punkte: Sie sollten prüfen, ob Sie in Ihrer derzeitigen Tätigkeit am richtigen Platz sind!

Bitte erarbeiten Sie mit Ihrem Coach einen Maßnahmenplan nach folgendem Muster, wenn Sie 51 und mehr Punkte haben!

Persönlicher Maßnahmenplan zur Verbesserung von Kunden- und Serviceorientierung

Ab sofort werde ich

→ kunden- und *serviceorientierter* sein in den Bereichen
1 ....
2 ....
3 ....

→ folgende *Fähigkeiten und Fertigkeiten* verbessern
1 ....
2 ....
3 ....

→ nachstehende *Probleme* beseitigen
1 ....
2 ....
3 ....

→ nachfolgende *Verhaltensweisen* ändern
1 ....
2 ....
3 ....

→ ein neues persönliches Motto leben, es lautet:
....
....

8.2.3 Mind-Mapping – eine Visualisierungsmethode zur Problemlösung

Mind-Mapping ist eine Visualisierungsmethode, um unterschiedliche Ideen, Aufgaben und Probleme strukturiert darzustellen. Mind-Maps sind bildhafte Gedächtnisstützen, die einzeln oder in Gruppen erarbeitet werden können. Wird ein Mind-Map in einer Gruppe erstellt, fördert dies gezielt die Kommunikation untereinander zu einem bestimmten Thema. Unter diesem Aspekt hat das Mind-Mapping viel Ähnlichkeit mit der Kartenabfrage.

Ausgangspunkt der Idee, „Landkarten" von Einfällen, Themen oder Problemen zu erstellen, ist die Tatsache, daß wir Menschen insbesondere Ideen und kreative Gedankengänge nicht immer in allen Verästelungen geistig überblicken können. Dies betrifft vor allem ihre Vernetztheit mit anderen Bereichen oder Lösungen von Problemen bezüglich der Folgewirkungen anvisierter Maßnahmen. Gewöhnlich steht ein Problem oder Thema, wenn wir es schriftlich bearbeiten, am Kopf des Papiers, und wir versuchen, es meist linear abzuarbeiten. Vielleicht erstellen wir eine Art Algorithmus und reihen unsere Ideen aneinander.

Anders beim Mind-Mapping. Hier steht das *Thema* im wahrsten Sinne des Wortes im „Mittelpunkt", und zwar in der Mitte eines Papierbogens, Flipcharts oder einer Tafel. Es wird mit einem Kreis oder einer Wolke versehen. Ausgehend von diesem Kreis verlaufen die Äste oder Linien, die das Thema gliedern und auffächern. Wichtig ist, daß *keine* ausformulierten Sätze notwendig sind, sondern nur Stichworte, die sogenannten *Schlüsselwörter.*

Der Begriff der Schlüsselwörter stammt aus der Gedächtnispsychologie und soll deutlich machen, daß, ähnlich wie bei einem Schauspieler, der im Text steckengeblieben ist, ein Stichwort oder ein Schlüsselwort ausreicht, um den weiteren Text wieder ins Gedächtnis zurückzurufen. Substantive sind die geeignetsten Schlüsselworte, die weitere Assoziationen auslösen. Somit haben die Schlüsselworte zwei Bedeutungen: Sie erleichtern es uns, den Überblick über komplexe Themen oder Probleme mit Hilfe des Mind-Mapping zu behalten, und sie regen uns dazu an, über weitere *Neben- und Unterzweige*, ausgehend von den *Hauptästen,* nachzudenken.

An den Hauptästen der Verzweigungen orientieren sich alle weiteren Ideen und bilden letztlich wie bei einem Baum weitere Verästelungen. Die Länge der „Äste" hängt von der jeweiligen Themenstellung ab. Jeder Hauptast mit seinen Verzweigungen wird als *Komplex* bezeichnet (vgl. *Kirckhoff,* 1992). Damit sich die diversen Äste voneinander abheben, ist es sinnvoll, farbige Stifte zu verwenden. Für das Thema und die Hauptäste bietet sich die Farbe *Rot* an. Die Verzweigungen erster Ordnung können *blau* gezeichnet werden.

Schwarz werden die Unterzweige gezeichnet. Möchte man auf Komplexe aufmerksam machen, können diese *grün* umrandet werden.

Um den Umgang mit diesem Verfahren zu üben, bietet es sich vor dem Einsatz in einer Gruppe an, zunächst einzeln an einfachen Themen zu üben, um die nötige Sicherheit zu erwerben, z. B. die nächste Urlaubsreise mit dem Mind-Mapping zu planen.

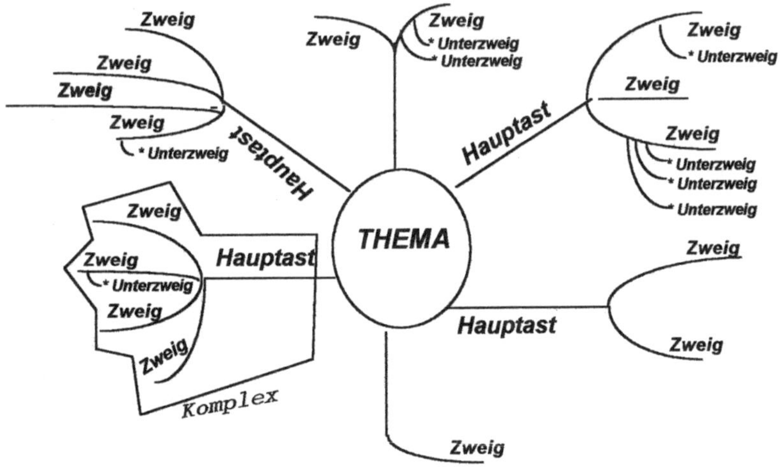

Abb. 25: Graphik zur Verdeutlichung der Arbeitsweise

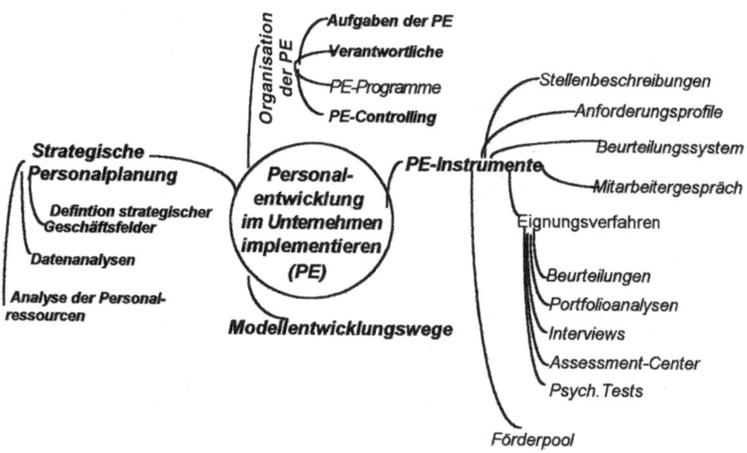

Abb. 26: Unvollständiges Mind-Map am Beispiel des Implementierens von Personalentwicklung (PE) in einem Unternehmen

Die Methode des Mind-Mapping kann im Coaching-Prozeß sehr hilfreich sein, nämlich immer dann, wenn es darum geht, ein komplexeres Problem, das der Coach und sein Coachee lösen möchten, in seine einzelnen Bestandteile zu zerlegen. Dabei kann dieses Verfahren helfen, Informationen zu strukturieren und Gedanken zu sortieren sowie über die bildhafte Darstellung kreative Lösungsansätze sichtbar zu machen. Gemeinsam können Coach und Mitarbeiter das Mind-Map erstellen, indem sie zunächst die Hauptäste im Uhrzeigersinn eintragen. Danach werden Hauptast für Hauptast mit Zweigen und diese wiederum mit Unterzweigen versehen. Ergeben sich Äste zweiter Ordnung, die erst später wichtig werden, kann der Coach diese z. B. auf einem separaten Blatt Papier notieren und nachträglich einfügen. Wichtig ist, den Platz sorgfältig einzuteilen, um später ein übersichtliches Mind-Map zu erhalten. Sollte die erste Version optisch nicht gelungen sein, kann in einem zweiten Schritt eine „Reinschrift" angefertigt werden. Eine bessere Übersicht gelingt auch dadurch, daß bestimmte Symbole oder Abkürzungen verwendet werden, deren Bestimmung den Anwendern überlassen wird.

Beispiele:

- Hinweise von besonderer Wichtigkeit können mit einem Ausrufungszeichen versehen werden,
- Verästelungen, die Konflikte bergen, mit einem „Blitz",
- Namen kann man durch Einkreisen hervorheben,
- Termine können ein „T" erhalten usw.

Einige wichtige Regeln:

- Substantive verwenden
- in Blockschrift schreiben
- im Uhrzeigersinn beginnen
- evtl. verschiedene Farben verwenden
- evtl. eigene Symbole verwenden
- Komplexe kennzeichnen

Vor einer gemeinsamen Problemlösung führt der Coach seinen Coachee in die Methode ein und gibt die Regeln bekannt. Mit dem fertiggestellten Mind-Map können nun die erhobenen Informationen weiterverarbeitet werden. Es können Hypothesen gebildet, Fragen nach dem Zusammenhang verschiedener Phänomene und deren Ursachen gestellt oder die Informationen auf die wichtigsten Punkte reduziert werden. Welcher Weg gewählt wird, hängt von der Zielsetzung ab.

8.2.4 Die Kraftfeldanalyse – ein Instrument zur Handlungsvorbereitung

Kraftfeldanalysen werden im Rahmen des Mitarbeiter-Coaching dazu benutzt, förderliche und hinderliche Kräfte im Handlungsfeld des Coachee zu erkennen. Kräfte können eine unterstützende Wirkung haben, sie können aber auch bei der Realisierung von Maßnahmen, Plänen oder bei der Lösung von Problemen behindern.

Das Erstellen einer Kraftfeldanalyse hilft beim Mitarbeiter-Coaching insbesondere bei der Vorbereitung auf konkretes Handeln des Coachee. Kraftfeldanalysen können formalisiert durchgeführt werden, indem „unterstützende Kräfte" den „hindernden Kräften" gegenübergestellt werden. Oder sie werden graphisch als „Landkarte des Einflußfeldes" abgebildet. Bei letzterem Vorgehen wird auf ein Blatt Papier oder Flipchart die Person, das Team oder die Maßnahme, die z. B. die Lösung eines Problems darstellen kann, in die Mitte geschrieben. Anschließend werden außen herum die Kräfte, die Einfluß nehmen, also Personen, Gruppen, Strukturen etc. eingetragen.

Eine Kraftfeldanalyse bietet sich immer an, wenn bei der Problemlösung präventiv gearbeitet werden soll, im Sinne von „Gefahr erkannt, Gefahr gebannt". Unterstützende Einflüsse können verstärkt, hinderliche abgeschwächt oder sogar neutralisiert werden. Bei der persönlichen Verhaltensänderung im Kontext des Coaching-Prozesses spielt dieser Aspekt eine besondere Rolle, etwa wenn neue Arbeits- oder Berufsziele erarbeitet werden. Sie bietet sich aber auch an, um Machtverhältnisse, Zwänge, Rollenkonflikte oder spezifisches Verhalten von Personen oder Gruppen in ihrer Vernetztheit graphisch darzustellen.

Die formalisierte Gegenüberstellung

Bei der formalisierten Gestaltung werden fördernde und hemmende Kräfte im Handlungsfeld gegenübergestellt. Das folgende Schema dient dazu als Anregung.

Der Aufbau einer Kraftfeldanalyse

Kraftquellen	unterstützende Kräfte	hindernde Kräfte
in mir		
in anderen Personen		
in Gruppen		
in der Organisation		
in Beziehungen		
in Machtverhältnissen		
*		

Ist die Auflistung fertig, hilft der Coach bei der Klärung offener Fragen und erarbeitet gemeinsam mit dem Coachee, wie die hindernden Kräfte neutralisiert oder reduziert bzw. die förderlichen Kräfte verstärkt werden können. Dazu können beide ein Schema mit den drei Überschriften *„Maßnahmen zur Neutralisierung bzw. Reduktion hinderlicher Kräfte"*, *„Maßnahmen zur Verstärkung förderlicher Kräfte"* und *„Maßnahmen zur Konfliktvermeidung bzw. -bewältigung"* verwenden. In diesen Maßnahmenplan werden die erarbeiteten Aktivitäten eingetragen und evtl. auch mit Terminen versehen.

Die graphische Darstellung des Kraftfeldes

Die Person, Gruppe, Organisation oder das Problem werden in die Mitte eines Papiers oder Flipcharts geschrieben. Anschließend werden darum herum die Kräfte, die Einfluß nehmen, also Personen, Gruppen, Strukturen etc. eingetragen. Die Beziehungen dieser „Kräfte" zum Mittelpunkt werden hinzugefügt. Dabei sind die Relationen, die als hindernde Kräfte identifiziert werden, mit roter Farbe und einem Minuszeichen zu versehen. Förderliche Beziehungen sind grün und mit einem Pluszeichen zu kennzeichnen. Dort, wo Coach und Coachee Konflikte sehen, wird ein Blitz mit roter Farbe eingetragen. Diese Beziehungen spiegeln den positiven, negativen oder konfliktgeladenen Einfluß von Hierarchien, Machtverhältnissen, persönlichen Beziehungen, Erwartungen, Abhängigkeiten, Rechten oder Wünschen wider. Nach Fertigstellung hinterfragt der Coach Bilddetails und gibt Anregungen, über das Dargestellte nachzudenken, z. B. hinsichtlich der Größenverhältnisse (besonders groß gemalter Kunde und sehr klein gezeichneter Mitarbeiter). Die Resultate der Diskussion können auch in die oben beschriebene formalisierte Fassung der Gegenüberstellung transferiert werden. Schließlich werden auch bei dieser Form der Auswertung die Maßnahmen entsprechend der oben formulierten Dreiteilung diskutiert und festgehalten.

9. Ethik des Coaching durch die Führungskraft

Der beschriebene Wertewandel in der Gesellschaft führt teilweise auch zu einem *Werteverfall*. Bürgerliche Sekundärtugenden, auch preußische Tugenden genannt, wie *Pünktlichkeit, Fleiß, Disziplin, Ordnung und Sparsamkeit* werden immer weniger (vor)gelebt. Gerade die Führungskraft in einer Coachingfunktion sollte sich an die klassischen Primärtugenden erinnern (*Mieth*, 1984). Denn Coachen ist zu einem großen Teil *Vorleben*, also Verhaltensmodell sein für Mitarbeiter, und nichts kann schlimmer sein, als „Wasser zu predigen und heimlich Wein zu trinken". Diese Kardinaltugenden („cardo" = Türangel), so bezeichnet seit dem Mittelalter (*Augustinus, Thomas von Aquin*), sind seit der griechisch-römischen Antike (*Platon, Aristoteles, Cicero, Seneca*) Dreh- und Angelpunkt für das menschliche Miteinander bzw. das gemeinsame Arbeiten, das Sittliche.

Als Kardinaltugenden werden bezeichnet:

- Weisheit,
- Maß/Mäßigkeit,
- Gerechtigkeit und
- Mut.

Was ist im einzelnen darunter zu verstehen?

Weisheit

Hierunter versteht man nach *Grunwald* (1993) *Klugheit, Bildung, Urteilskraft* oder sogar *Wissen*. Zu Weisheit wird dies alles jedoch erst durch die Kombination mit *Moral*. Die alleinige Kenntnis von Gesprächs- oder Coachingtechniken birgt die Gefahr der Manipulation des einzelnen oder des Teams in sich. Erst die Verbindung mit einem *positiven Menschenbild* und der *Kenntnis der eigenen Werte und Ziele* wird diese Gefahr verringern.

Maß/Mäßigung

Mäßigung und Maßhalten bedeutet *Selbstbeherrschung, Demut und Bescheidenheit*. Dies beinhaltet im Zusammenhang mit dem Mitarbeiter-Coaching, daß die Führungskraft in erster Linie durch vorbildhaftes Verhalten Einfluß auf den Mitarbeiter nimmt. Damit „dient" der Vorgesetzte als Coach dem Mitarbeiter und der Sache *uneigennützig*. Hierdurch ist der Nutzen für die Organisation, den Mitarbeiter und die Führungskraft selbst am größten. Übertragen auf das Systemdenken bedeutet dies, daß sich ein Element in einem Gesamtsystem am meisten nützt, indem es alle anderen Elemente unterstützt.

Gerechtigkeit

Der Wertepluralismus und -relativismus in unserer Gesellschaft, verbunden mit der Tendenz zur Selbstverwirklichung des einzelnen, macht es Führungskräften schwer, insbesondere in einer Funktion als Coach, alle Mitarbeiter gleich zu behandeln und gleichzeitig auf deren individuelle Persönlichkeit einzugehen. Zudem bedeutet es immer eine Gratwanderung zwischen den Unternehmens- und Mitarbeiterzielen sowie den Zielen des Vorgesetzten (*Neuberger*, 1990).

Mut

Unter dieser Kardinaltugend wird eine Art „Zivilcourage" verstanden, die der Vorgesetzte benötigt, um entscheiden zu können, was *gerecht/ungerecht, gut* oder *böse* ist.

Auf der operationalen Ebene ergeben sich aus ethischer Sicht folgende *fünf Handlungsregeln* für das Mitarbeiter-Coaching durch den Vorgesetzten.

1. *Die Goldene Regel.* Diese, sich in allen Weltreligionen findende „Gegenseitigkeits-Regel" hat große Ähnlichkeit mit dem bereits beschriebenen Prinzip der „Wechselseitigkeit" bei der Kommunikation. Sie wird am besten durch das bekannte Sprichwort verdeutlicht: „Was du nicht willst, das man dir tu', das füg' auch keinem anderen zu." (*Schmidt*, 1972).
2. *Der kategorische Imperativ.* Als meistdiskutierte Norm sittlichen Handelns ist der kategorische Imperativ des Philosophen *Immanuel Kant* (1724–1804) zu bezeichnen (*Grunwald*, ebenda). Er lautet im Original (*Weischedel*, 1956):
   - „Handle nur nach derjenigen Maxime, durch die du zugleich wollen kannst, daß sie ein allgemeines Gesetz werde."
   - „Handle so, als ob die Maxime deiner Handlung durch deinen Willen zum allgemeinen Naturgesetz werden sollte."
   - „Handle so, daß du die Menschheit sowohl in deiner Person, als in der Person eines jeden anderen, jederzeit zugleich als Zweck, niemals als Mittel brauchst."

3. *Das Maximin-Prinzip*. Im Mittelpunkt steht hier folgendes Pflichtgebot:

   „Handle so, daß durch dein Handeln der größte Nutzen beziehungsweise der geringstmögliche Schaden für die größte Anzahl der Betroffenen entsteht."

4. *Die Expertenprüfung*. Hier geht es um den *neutralen* und *sachverständigen Dritten* bzw. auch um *Expertenwissen* in Form von Zeitschriften oder Büchern. Handeln soll demnach folgendem Anspruch gerecht werden:

   „Handle so, daß dein Handeln von unabhängigen Experten als angemessen/richtig/gerechtfertigt befunden würde."

5. *Der Öffentlichkeitstest*. Die vom Philosophen *Hans Jonas* (1903–1993) aufgestellte Forderung des Öffentlichkeitstests beinhaltet das hypothetische Handeln vor einer imaginären Fernseh-Öffentlichkeit:

   „Handle so, daß du dich in deinem Gewissen bestätigt weißt, wenn du dein Handeln vor den Fernsehkameras öffentlich zu rechtfertigen hast."

9.1 Manipulation des Mitarbeiters

I. d. R. kommunizieren Führungskräfte mit ihren Mitarbeitern *strategisch*, d. h. sie lenken Mitarbeiter auf bestimmte Ziele hin. Wohlmeinende Motivationsbemühungen und Manipulation von Mitarbeitern sind dabei häufig nicht unterscheidbar. Beim Coaching möchte der Vorgesetzte gemeinsam mit seinem Mitarbeiter auf einer *nichtstrategischen* Beziehungsebene festgestelltes semiprofessionelles Verhalten verbessern. Dazu versucht er, mit den beschriebenen Verhaltensweisen, Gesprächshaltungen und -techniken Einfluß auf den Coachee zu nehmen. Dies wird von vielen Kritikern, die sich mit der Beeinflussung von Verhalten in Beratungen, Therapien, Coaching usw. befassen, als eine Verletzung des grundlegenden Menschseins dargestellt und damit als *Manipulation* des zu Beratenden.

Beraten im Sinne des Mitarbeiter-Coaching hat natürlich immer auch einen *manipulativen Charakter*, da es keine Möglichkeit gibt, effektive Verhaltensänderungen ohne jegliche Manipulation herbeizuführen (*Kelman*, 1965).

Aus ethischer Sicht gibt es hier für einige Sozialwissenschaftler folgendes Dilemma, in dem sich der Coach befindet. Nach *Kelmann* (ebenda) besteht z. B. eine Gefahr darin, daß die Führungskraft als Coach zum einen nicht erkennt, daß sie Kontrolle über das Verhalten des Mitarbeiters ausübt bzw. sie davon überzeugt ist, nur Gutes für den Coachee zu tun, ohne das eigene Verhalten bewußt zu reflektieren.

Der Vorgesetzte muß sich dieser Gefahren gewahr werden, um damit umgehen zu können. Drei Schritte können helfen, den manipulativen Aspekt beim Mitarbeiter-Coaching zu dämpfen (*Lippit* u. *Lippit*, 1984):

1. Die Führungskraft als Coach muß sich die manipulativen Aspekte ihres Handelns und der damit verbundenen ethischen Probleme *bewußt* machen, indem sie ihre eigenen Werte sich selbst und dem Coachee deutlich macht bzw. dessen Werte kennenlernt.
2. Für den Vorgesetzten gilt es, in vielen Bereichen des Mitarbeiter-Coaching ein *Gleichgewicht* zwischen seinen ihm wichtigen Werten und denen des Mitarbeiters zu finden, um einer möglichen Manipulation vorzubeugen.
3. Mit Hilfe seiner beruflichen Fertigkeiten und Erfahrungen sollte der Coach die Wahlmöglichkeiten des Coachee verbessern, seinen *eigenen Weg* für sein Aufgabenfeld zu finden.

10. Was tun, wenn Coaching nicht mehr ausreicht?

Zeigt sich beim Mitarbeiter-Coaching, daß die Unterstützung des Mitarbeiters durch den Vorgesetzten nicht wirksam wird, weil bereitgestellte Lernsituationen, Hilfestellungen, Tips und Ratschläge durch den Coachee nicht konstruktiv aufgenommen werden, so ist auch an eine tiefere, in der Person des Mitarbeiters verankerte Problematik zu denken. Gemeinsam sollten dann Coach und Coachee die weitere Vorgehensweise klären. U. U. ist dann eine *externe Beratung* durch einen Psychotherapeuten oder eine Beratungsstelle angezeigt.

Dies trifft insbesondere auf alle fortgeschrittenen *Abhängigkeitserkrankungen* zu (z. B. Alkoholismus), die relativ häufig anzutreffen sind. Aber auch langanhaltende *psychosomatische Beschwerden* der verschiedensten Formen sollten ein Signal sein, nicht mit dem Coaching durch den Vorgesetzten fortzufahren, sondern professionelle Hilfe in Anspruch zu nehmen (vgl. *Looss*, 1991).

Dies wird zwar eher seltener der Fall sein, dennoch sollte eine Führungskraft nicht den Fehler begehen und „Therapieversuche" unternehmen. Dies trifft vor allem auf die allzu oft verharmloste *Alkoholabhängigkeit* zu. Die Wahrnehmung einer Alkoholproblematik ist meist schwierig und geschieht in der Praxis häufig zu spät. Beim Mitarbeiter-Coaching ergibt sich aufgrund der engeren Beziehung allerdings die Chance, rechtzeitig zu handeln und Interventionsmaßnahmen, wie z. B. Hinweise auf eine Beratungsstelle, vorzubereiten. Diese Möglichkeit sollte vom Vorgesetzten auch genutzt werden.

In gleichem Maße gilt dies auch für andere Abhängigkeiten wie *Spiel- oder Kaufsucht*. Beide sind beim Betroffenen meist zusätzlich mit finanziellen Problemen verknüpft, die weitere psychosoziale Schwierigkeiten nach sich ziehen. Rückwirkungen auf die Arbeitsleistung und das Verhalten des Mitarbeiters bleiben daher nicht aus.

11. Wie kann das Mitarbeiter-Coaching in der Führungskultur verankert werden?

Wie bereits deutlich wurde, ist das Coaching durch Vorgesetzte eine an Bedeutung gewinnende Führungsaufgabe.

> Ansprüche an die neue Rolle der Führungskräfte müssen sich allerdings an der Umsetzbarkeit orientieren, um Überforderungen und Fehlfunktionen zu vermeiden.

Dies bedeutet, daß eine Organisation die sich entschließt, Coaching von Mitarbeitern durch Vorgesetzte als einen Grundsatz in ihre Führungsphilosophie aufzunehmen, entsprechende Schulungsmaßnahmen hierzu anbieten muß. Diese sind notwendig, da Führungskräfte i. d. R. keine speziellen Ausbildungen in Coaching oder Beratung haben. Da die „Treppe von oben gekehrt wird“, ist ein grundsätzliches „ok“ der Geschäftsführung dazu notwendig. Erst dann können Personalabteilung oder Personalentwickler die Voraussetzungen schaffen, den Gedanken des Mitarbeiter-Coaching in der Organisation umzusetzen.

Um Mißtrauen seitens der Arbeitnehmervertretungen auszuschließen, bietet es sich an, einen Steuerkreis ins Leben zu rufen, der mit Vertretern der betroffenen Personengruppen besetzt ist. Dieser Arbeitskreis kann *Schulungsgrundsätze*und *Inhalte* der Seminare erarbeiten, in denen Führungskräfte auf ihre neue Aufgabe vorbereitet werden. Dazu sind Befragungen der Führungskräfte sinnvoll, um eine *praxisnahe* Gestaltung der Seminare zu gewährleisten. In diesen Seminaren könnten die im Buch beschriebenen Themen *erfahrungsorientiert* gelehrt werden.

Natürlich bleibt es jeder Führungskraft freigestellt, in ihrem Bereich Mitarbeiter zu coachen. Allerdings ist es ein sehr *zeitintensives* Unterfangen, das vom Vorgesetzten und den Mitarbeitern viel Geduld sowie persönliches Engagement erfordert. Zudem ist der Erfolg nur bedingt monetär meßbar, so daß das Mitarbeiter-Coaching der gleichen Bewertungsproblematik unterliegt wie z. B. die Investitionen in die Personalentwicklung oder Personalpflege. Der Nutzen dieser sogenannten „weichen Erfolgsfaktoren“ läßt sich nur schwer in Mark und Pfennig bewerten und i. d. R. nur in *nichtbilanzierbaren* „Gewinnen“, wie höhere Arbeitszufriedenheit, geringere Fluktuation, niedriger Krankenstand, weniger Konflikte u. ä., ausdrücken.

Führungskräfte, die Mitarbeiter-Coaching einführen möchten, sollten daher für sich abklären, welchen Spielraum sie haben, dieses Führungs- und Motivationsinstrument zu praktizieren, um keine potentiellen Konflikte innerhalb der Hierarchie, mit Arbeitnehmervertretern oder der Geschäftsführung zu schaffen.

Ist dies alles bedacht und ein Entschluß gefaßt, können folgende fünf Schritte für die Umsetzung des Projektes „Mitarbeiter-Coaching“ hilfreich sein:

1. Schritt. Mitarbeiter-Coaching einzuführen nach dem Motto: „Ich möchte mit Ihnen etwas Neues ausprobieren!“, wird auf wenig Verständnis stoßen. Sinnvoller ist es, entsprechende Gelegenheiten zu nutzen, die ein Coachen durch den Vorgesetzten einsichtig machen und es als hilfreich darstellen. Dies ist z. B. bei *neuen Mitarbeitern* der Fall, bei *schwierigen Anforderungen*, bei Umstrukturierungen, *Problemen im Arbeitsfeld* o. ä. An günstigen Gelegenheiten fehlt es in der Regel nicht.

2. Schritt. Mitarbeiter sollten nicht nach „Bombenwurf-Strategie“ vom Vorhaben des Vorgesetzten überrascht werden. Dies weckt eher Widerstand und ruft Ängste hervor im Sinne von: „Der will uns aushorchen!“. Besser ist es, die Philosophie des Mitarbeiter-Coaching den Betroffenen darzulegen und für sie zu werben. Auch sollte nicht der Eindruck eines „Strohfeuers“ entstehen, das ohnehin bald wieder erloschen sein wird.

3. Schritt. Führungskräften ist zu empfehlen, in der Einführungsphase des Mitarbeiter-Coaching immer auch den Zusammenhalt der Arbeitsgruppe oder des Teams im Auge zu haben. Je ausgeprägter das „Wir-Gefühl“ in der Gruppe ist, desto einfacher wird es für die Führungskraft sein, alle gemeinsam auf das Unternehmensziel hin zu bewegen.

4. Schritt. Zu den Überlegungen, ob Mitarbeiter-Coaching durch den Vorgesetzten in der Führungskultur verankert werden soll, gehört auch die Vergegenwärtigung der damit verbundenen Gefahren. Diese bestehen u. a. auch darin, daß Mitarbeiter verstärkt Tendenzen zur beruflichen Veränderung zeigen. D. h. die Chance, die dem Mitarbeiter gegeben wird, seine Stärken zu entwickeln und unbekannte Fähigkeiten zu entdecken, birgt immer das Risiko seines Abwanderns. Dessen sollte sich jede Führungskraft immer bewußt sein.

5. Schritt. Wie bereits an anderer Stelle erwähnt, sind gemeinsame Ziele für das Arbeiten von besonderer Bedeutung. Nur wer weiß, wohin er will, kann auch die entsprechenden Wege und Methoden dazu festlegen. Ein Vorgesetzter kann die Einführung des Mitarbeiter-Coaching daher auch dazu nutzen, eine gemeinsame Zielplattform zu schaffen, die Orientierung für alle Mitarbeiter bietet und an denen sich der einzelne sowie das Team in ihren Bemühungen ausrichten können.

Epilog

Das vorliegende Arbeitsheft will nicht als Rezeptbuch verstanden sein. Vielmehr kann man seine Bestimmung darin sehen, Führungskräften Wege aufzuzeigen, ähnlich dem Beschreiben einer Marschroute von Punkt A nach B auf einer Landkarte. Den Weg muß die Führungskraft selbst gehen. Dieser kann steinig, schwer begehbar, aber auch rasch und mühelos zu durchschreiten sein.

Literaturverzeichnis

Berne, Eric	Spiele der Erwachsenen, Hamburg 1975
Brinkmann, R.	Personalpflege – Gesundheit, Wohlbefinden und Arbeitszufriedenheit als strategische Größen im Personalmanagement, Heidelberg 1993
Brinkmann, R.	Mobbing – Bullying – Bossing. Treibjagd am Arbeitsplatz, Heidelberg 1995
Brinkmann, R.	Vorgesetzten-Feedback – Rückmeldungen zum Führungsverhalten – Grundlagen und Anleitungen für die Praxis, Heidelberg 1998
Brinkmann, R.	Techniken der Personalentwicklung. Trainings- und Seminarmethoden. Heidelberg 1999
Crisand/Crisand/ Adler	Das Sachgespräch als Führungsinstrument, 2. Auflage, Heidelberg 1997
Francis, D./Young, D.	Improving Work Group, A Practical Manual for Team Building, San Diego, USA 1982
Fröhlich, W.	Kooperationspartner Personal-Management, Heidelberg 1990
Grunwald, W.	Führung in den 90er Jahren: Ethik tut not!, Führung + Organisation (zfo) 5/1993
Hersey, P./ Blanchard, K. H.	Management of Organizational Behavior, 3. Aufl., Englewood Cliffs, N. J. 1988
Kant, I.	Grundlagen zur Metaphysik der Sitten, Bd. IV, W. Weischedel (Hrsg.), Darmstadt 1956
Kastner, M.	Personalmanagement heute. Landsberg/Lech 1990
Kelman, H. C.	Manipulation of Human Behavior: An Ethical Dilemma for the Social Scientist, Journal of Social Issues 21/1965
Kirckhoff, M.	Mind Mapping. Die Synthese von sprachlichem und bildhaftem Denken. 6. Aufl., Berlin 1992
Kirsten, R. E./ Müller-Schwarz, J.	Gruppen-Training, rororo Sachbuch, Hamburg 1990
Lippit, G./Lippit, R.	Beratung als Prozeß, 2. Auflage, BRATT-Institut für Neues Lernen, Leonberg 1984
Looss, W.	Coaching für Manager, 3. Auflage, Landsberg 1993
Mieth, D.	Die neuen Tugenden, Düsseldorf 1984

Moore, H. T./ Gilliand, A. R.	The Measure of Aggressiveness. Journal of Applied Psychology 5/1921, pp 101–102
Musolesi, F./ Brinkmann, R.	Neue Mitarbeiter entwickeln sich positiv, wenn…, io Management Zeitschrift 62/1993
Neuberger, O.	Miteinander arbeiten – miteinander reden! Bayerisches Staatsministerium für Arbeit und Sozialordnung, 1984
Neuberger, O.	Führen und geführt werden, 3. Aufl., Stuttgart 1990, S. 90
Obermann, C./ Schiel, F.	Trainingspraxis, Köln 1997
Rosenstiel, L. v.	Personalentwicklung und Wertewandel. In: Kastner/Gerstenberg: Personalmanagement, München 1991
Rüttinger, Rolf	Transaktions-Analyse, 7. Auflage, Heidelberg 1999
Sattelberger, T.	Innovative Personalentwicklung, 3. Auflage, Wiesbaden 1995
Schmidt, K.O.	Das Geheimnis der Goldenen Regel, München 1972
Schulz von Thun, F.	Miteinander reden, rororo Sachbuch, Hamburg 1991
Wunderer, R.	Führung und Zusammenarbeit, 2. Auflage, Stuttgart 1996

Notizen

Notizen

Arbeitshefte Personalwesen

Herausgegeben von Prof. Dr. Ekkehard Crisand, Prof. Dr. Peter Bellgardt, Prof. Werner Bienert und Wolfgang Reineke.

■ Diese Schriftenreihe versteht sich als Bindeglied zwischen anspruchsvoller Spezialliteratur und praktischen Alltagsfragen. Durch die Ergänzung von allgemeiner und detaillierter Themenstellung wird der Leser einerseits Einzelprobleme in die sachlichen, organisatorischen und rechtlichen Zusammenhänge einordnen können, andererseits aber konkrete Entscheidungshilfen für die Arbeit erhalten.

Band 1 Recht und Taktik des Bewerbergesprächs (Bellgardt)

Band 10 Seminarkonzeptionen (Leonhardt/Riegsinger)

Band 11 Kündigungsfibel (Bauer/Röder)

Band 12 Das Personalhandbuch als Führungsinstrument (Prollius)

Band 19 Personal-Controlling (Papmehl)

Band 20 Datenschutzpraxis im Personalbereich (Bellgardt)

Band 21 Personalpflege (Brinkmann)

Band 23 Personalbeurteilungssysteme (Crisand/Stephan)

Band 24 Multimedia in der betriebswirtschaftlichen Weiterbildung (Beißner/Kursawe)

Band 25 Rechtsgrundlagen der Personalarbeit (Popp)

Band 26 Interessenausgleich und Sozialplan (Spie/Meißner)

Sauer-Verlag
Heidelberg